Grace Grace Grace Grace Gr
은혜출판사 은혜출판사 은혜출판사 은혜출판사 은
Grace Grace Grace Grace Gr
은혜출판사 은혜출판사 은혜출판사 은혜출판사 은
Grace Grace Grace Grace Gr
은혜출판사 은혜출판사 은혜출판사 은혜출판사 은
Grace Grace Grace Grace Gr
은혜출판사 은혜출판사 은혜출판사 은혜출판사 은
Grace Grace Grace Grace Gr
은혜출판사 은혜출판사 은혜출판사 은혜출판사 은
Grace Grace Grace Grace Gr
은혜출판사 은혜출판사 은혜출판사 은혜출판사 은
Grace Grace Grace Grace Gr
은혜출판사 은혜출판사 은혜출판사 은혜출판사 은
Grace Grace Grace Grace Gr
은혜출판사 은혜출판사 은혜출판사 은혜출판사 은
Grace Grace Grace Grace Gr
은혜출판사 은혜출판사 은혜출판사 은혜출판사 은
Grace Grace Grace Grace Gr
은혜출판사 은혜출판사 은혜출판사 은혜출판사 은
Grace Grace Grace Grace Gr
은혜출판사 은혜출판사 은혜출판사 은혜출판사 은
Grace Grace Grace Grace Gr
은혜출판사 은혜출판사 은혜출판사 은혜출판사 은
Grace Grace Grace Grace Gr
은혜출판사 은혜출판사 은혜출판사 은혜출판사 은
Grace Grace Grace Grace Gr
은혜출판사 은혜출판사 은혜출판사 은혜출판사 은
Grace Grace Grace Grace Gr
은혜출판사 은혜출판사 은혜출판사 은혜출판사 은
Grace Grace Grace Grace Gr
은혜출판사 은혜출판사 은혜출판사 은혜출판사 은
Grace Grace Grace Grace Gr
은혜출판사 은혜출판사 은혜출판사 은혜출판사 은
Grace Grace Grace Grace Gr
은혜출판사 은혜출판사 은혜출판사 은혜출판사 은

# 예언사역

원작 : 릭 조이너
역작 : 조성국

# 차례

## 제1부

**제1장**                                       12~18
기초 / 거짓 예언 사역 / 예언에 관한 질문들

**제2장**                                       19~27
깨끗한 우물 / 하나님께로 더 가까이 / 예언에 관한 논란들 / 하나님의 뜻 / 예언 사역의 실수

**제3장**                                       28~38
곡식 속의 가라지 / 성급한 가라지 뽑기 / 논쟁의 소중함 / 하나님의 말씀을 대언하는 자들의 책임

**제4장**                                       39~50
하나님의 친구 / 하나님을 경외함 / 몸의 지체 / 그리스도의 선지자 / 성숙한 예언 사역

# 제2부

### 제5장　　　　　　　　　　　　　　　　　　52~65
우리가 온전해질 때까지 / 선지자 예수 / "다른 모양"으로 오시는 주님 / 예언사역의 궁극적인 목적 / 오직 그분에게만 문을 열라 / 영적 분별

### 제6장　　　　　　　　　　　　　　　　　　66~79
진정한 영적 권위의 근원 / 갈등과 거부 / 사랑의 동기 / 치유받지 못한 영적인 상처 / 진정한 성숙 / 채찍과 치유 / 자비와 심판

### 제7장　　　　　　　　　　　　　　　　　　80~86
거짓된 영권 / 자신을 높이면 점술이 된다 / 진정한 영권과 술수 / 겸손은 안전 그물이다 / 요약

### 제8장　　　　　　　　　　　　　　　　　　87~92
눈은 하나가 되어야 한다 / 어두움 속을 헤매는 교회 / 눈과 세운 언약 / 마음의 눈 / 마른 뼈의 시험

# 제3부

### 제9장　　　　　　　　　　　　　　　　　　94~99
영적인 민감성을 키우는 법 / 은사는 장난감이 아니라 도구이다 / 잘못된 해석

제10장　　　　　　　　　　　　　　　　　100~113

예언의 단계 / 느낌 / 환상 / 열린 환상 / 꿈 / 입신 / 다른 예언적 경험들 / 육성으로 들리는 하나님의 음성 / 천사들 / 예언인가 점술인가?

제11장　　　　　　　　　　　　　　　　　114~126

꿈과 환상의 해석 / 흔히 발견되는 장애물들 / 영적인 상징을 이해하는 법

제12장　　　　　　　　　　　　　　　　　127~139

마음의 은밀한 것 / 머리가 아닌 마음의 비밀 / 예언은 확증만을 위한 것이다? / 예언 중독 / 지시적 예언 / 하나님이 주시는 이적의 의미

## 제4부

제13장　　　　　　　　　　　　　　　　　142~148

예언과 영적 전쟁 / 원수의 맹공격 / 지옥으로부터 온 계시 / 블랙홀을 피하라

제14장　　　　　　　　　　　　　　　　　149~163

예언과 역사가 만날 때 / 예언에 관한 일화 / 노스캐롤라이나 / 모라비안 폭포 / 비전을 좇아서 / 요약

제15장                                    164~172

진정한 교회의 생명을 위한 기초 / 성전을 다시 세움 / 선지자와 장로의 역할에 대한 혼동 / 직함 / 요약

제 16 장                                   173~184

하나님의 군대를 위한 파수꾼 / 파수꾼의 위치 / 깨어서 기도하기 / 때를 분별하는 법 / 권위의 범위 / 몇 가지 실제적인 적용들 / 징계

제17장                                    185~195

생명의 말 / 적절한 시기 / 인간의 언어를 초월하여 / 진리 안에 거하라 / 마지막 열매를 위한 인내 / 더 큰 지혜

예언사역

제1부

"내 말과 내 전도함이 지혜의 권하는 말로하지 아니하고 다만 성령의 나타남과 능력으로 하여 너희 믿음이 사람의 지혜에 있지 아니하고 다만 하나님의 능력에 있게 하려 하였노라"

고린도전서 2:4-5

## 기초

예언자란 무엇인가? 예언이란 무엇인가? 예언은 누가 하는 것인가? 예언 은사와 사역이 교회 안에서 어떤 역할을 해야 하는가? 예언자는 누구에게 해명해야 할 책임이 있는 것인가? 우리를 인도해 줄 성경이 있는데 왜 예언이 필요한가? 모든 하나님의 백성이 그의 음성을 들을 수 있는데 왜 우리는 예언자가 필요한 것인가? 예언 받기를 구하는 것이 옳은 것인가? 이런 질문들은 오늘날 예언에 관해서 흔히 물어오는 많은 질문들의 일부에 불과하다. 만일 교회가 이런 물음에 대한 올바른 답을 제시하지 않는다면, 무지로 인해 생긴 그 공백들은 분명 잘못된 견해나 위험한 시도들로 채워지게 될 것이다.

교회와 세상 모두 예언에 대한 새로운 갈급함이 있다. 이 갈급함은 점점 더 많은 사람들이 우리 시대에 만연한 혼란에서 살아남기 위한 인도함을 갈망하는데서 생겨났다. 그러나 인도에 대한 필요성은 하나님의 백성에게는 새로운 것이 아니다. 사실 예언은 신구약 모두를 통해서 하나님께서 그의 백성에게 말씀하시는 가장 주요한 방법이었다.

다른 이들을 통해서 주님의 인도를 받는 겸손함은 주님께서 영적인 권위를 맡기신 사람들이 갖는 특징이다. 위대한 성경의 예언자중의 하나인 다윗 왕은 성경을 기록했으며 성경의 많은 곳에서 주제로 등장한다. 그러나 그가 개인적인 인도가 필요했을 때마다 겸손하게 예언자들에게 도움을 청하곤 했다. 그가 살아있는 동안 그는 예언자들의 말에 귀를 기울였고 그들의 영향력에 항상 열려있었다.

이런 주제에 대해 그토록 많은 관심이 일고 있는 또 하나의 이유는 오늘날 진정한 성경적 의미의 예언 사역과 은사가 교회에 회복되고 있기 때문이다. 이것은 오순절 베드로가 인용했던 요엘의 예언이 현재 이루어지고 있는 것이다.

> 하나님께서 말씀하시기를 마지막 날들에 내가 내 영을 모든 육체 위에 부으리 라. 그러면 너희 아들들과 딸들이 예언할 것이요, 또 너희 젊은이들은 환상을 볼 것이며, 너희 노인들은 꿈을 꾸리라. 또 그 날들에는 내가 내 남종들과 여종들 위에도 내 영을 부어 주리니, 그들이 예언하리라 *(사도행전 2:17-18 한글 킹제임스)*.

이 구절은 마지막 때에 예언과 꿈과 환상이 급격하게 증가하게 될 것이라고 말하고 있다. 이 시대의 끝이 다가올 수록 구체적이고 정확한 인도하심이 필요할 때가 많아 질 것이다. 전쟁과 자연재해와 박해가 마지막 시대의 시나리오의 곳곳에 등장하고 있기 때문에, 교회는 갈수록 더 많은 예언적인 통찰력을 필요로 하게 될 것이다.

　마지막 시대에 예언사역은, 아가보가 큰 흉년을 예고하고(행 11:28), 바울이 예언적인 꿈에 의해 적시에 마게도니아로 갔던 신약 시대의 예언(행 16:9-10)에 필적할 만한 것이 될 것이다. 예언적인 계시가 교회로 하여금 미래의 필요에 대해 준비하도록 할 것이며, 선교현장의 열매들을 현저하게 증가시킬 것이다.

## 거짓 예언 사역

　진정한 예언사역의 회복과 함께 거짓 예언과 예언자들도 따라서 증가하게 될 것이다. 거짓 예언자들은 실제로 능력을 소유하고 있다. 그들의 먹이가 되지 않기 위해서는 그들을 구별해 내어야 한다. 사람들이 초자연적인 인도함을 갈급해하자, 모든 텔레비전 방송국들은 심령술 프로그램에 골몰하고 있다. 모세의 하나님으로부터 온 능력이 바로의 주술사들의 능력을 능가했던 것처럼, 하나님께서 교회에게 주신 예언의 은사는 그 어떤 심령술도 능가할 것이다.

　요즘 예언 사역에 대해 물어오는 질문에 대한 올바른 성경적인 해답들이 있으며, 우리는 반드시 그런 문제들을 이해하고 다루어야 한다. 성경은 이것이 바로 말세에 가장 중대한 이슈가 될 것이라고 이야기하고 있다. 예언이 존재하지 않는다고 주장하면서 이러한 문제를 피하려는 사람들은 더욱더 적의 계략에 휘말리게 될 것이다. 주님께서는 우리가 그의 목적을 이루고 적들을 무찌르는데 필요한 모든 것들을 공급해

주셨다. 하나님께서 주신 자원들이 어떤 것이건 간에 그것을 거부하는 것은 어리석은 짓일 것이다. 사도 바울은 자신의 사역에 대해서 아래와 같이 말하고 있다.

> *"내 말과 내 전도함이 지혜의 권하는 말로하지 아니하고 다만 성령의 나타남과 능력으로 하여 너희 믿음이 사람의 지혜에 있지 아니하고 다만 하나님의 능력에 있게 하려 하였노라"* 고린도전서 2:4-5

이는 우리 복음이 말로만 너희에게 이른 것이 아니라 오직 능력과 성령과 큰 확신으로 된 것이니 우리가 너희 가운데서 너희를 위하여 어떠한 사람이 된 것은 너희 아는 바와 같으니라.

하나님의 진리는 이 땅에서 가장 강력한 능력이다. 하지만 바울은 그의 메시지는 말씀으로만 아니라 초자연적인 능력에 의해 특징 지워져야 한다고 이해했다. 이것은 예수님도 마찬가지셨다. 그는 진리이셨으나, 그의 말씀을 확증하시기 위해서 기적의 힘을 사용하셨다. 우리 주 예수님과 사도들이 그랬다면 우리가 우리의 말을 확증하는 데에는 얼마나 더 많은 하나님의 능력이 필요할 것인가?

우리가 예언자로서 부름을 받지 않았다고 하더라도 이 사역을 이해야 할 필요가 있다. 온 교회가 열방을 향한 예언의 소리로써 부르심을 받았다. 우리는 다같이 세상에 대한 주님의 대변인으로 섬겨야 한다. 예언 사역은 "성도로 봉사의 일을 하게 하는"(에베소서 4:12)데에 주요한 사역중의 하나이다. 예언의 은사는 매우 영적인 사람들에게나 있을 법한 진기한 현상이 아니라, 목회사역이나 가르치는 사역, 전도사역, 또는 사도적 사역을 효과적으로 하기 위해서 반드시 필요한 도구이다.

예를 들어 지식의 말씀을 사용하는 것은 많은 목사들이 상담에 소비하는 시간을 현저하게 줄일 수 있을 것이다. 예수님께서 우물가에 여인에게 하셨던 것처럼, 한 전도자가 한 여인에게 예언의 은사를 사용하여 이야기를 해서 한 도시 전체를 흔들 수 있을 것이다.

성령의 은사들은 장난감이 아니라 도구이다. 주님께서는 예언의 사역을 우리에게 필요하기 때문에 주신 것이지 즐거움을 위해서 주신 것은 아니다. 예언 사역은 올바로 사용된다면 모든 사역의 영적인 효율성을 증대 시킬 것이다. 이런 이유로 바울은 다음과 같이 교회에 권고했다.

"신령한 것을 사모하되 특별히 예언을 하려고 하라." 고전 14:1

## 예언에 관한 질문들

우리는 우리에게 맡겨진 은사들을 올바로 사용하는 방법을 이해해야 한다. 거기에는 초자연적인 영역에서 사역하는 이들을 잡기 위한 원수의 함정이 도사리고 있다는 사실을 알아채는 것도 포함된다. 최근 일고있는 예언 사역에 성도들을 준비시키기 위해 부름을 받은 지도자들 또한 이러한 문제에 대한 이해를 가지고 있어야 한다. 이 책은 다음과 같은 문제들을 다룰 것이다.

우리는 오늘날 왜 예언자가 필요한가? 현재의 예언적 계시는 성경의 계시와 어떤 관계를 갖는가? 새 언약의 예언자들과 옛 언약의 예언자들이 어떻게 다른가? 예언자들이 교회 앞에서 어떻게 예언을 하고 어떤 기능을 감당해야 하는가? 참 예언자자의 예언이 틀릴 수 있는가?

주님께서는 왜 우리에게 그냥 평범하게 말씀하시지 않고 꿈과 환상으로 말씀 하시는가? 우리가 초자연적인 계시와 꿈과 환상들을 어떻게 해석할 것인가? 예언과 지식의 말씀과 지혜의 말씀과 영분별과 같은 성령의 계시의 은사들을 어떻게 감당해야 하는가?

거짓 성령의 은사들은 특징이 무엇이며 그것들을 어떻게 판별할 것인가? 이 문제들을 다룸에 있어서 나의 목적은 성경적이며 동시에 실제적이 되는 것이다. 우리가 참된 예언을 세우고 거짓된 것을 알아내려면 반드시 성경적이 되어야 한다. 교회 안에서 진정한 예언 은사와 사역이 효과적으로 사용되는 것을 돕기 위해서 실제적이 되기를 원한다. 여기에서는 예언과 관련된 기초적인 문제들을 주로 다루게 되겠지만, 그를 기반으로 좀 더 심층적인 부분까지도 나아가게 될 것이다.

이 책은 특별히 예언 사역에 부르심을 받은 사람만을 대상으로 하는 것은 아니다. 모든 그리스도인들은 주님으로부터 음성을 들을 뿐 아니라 때로는 그 분으로부터 오는 구체적인 말씀을 전할 수 있어야 한다. 이 책에 언급되는 일반적인 법칙들은 주님의 음성을 알고자 하는 모든 크리스천들에게 어느 정도까지는 적용될 수 있을 것이다. 많은 크리스천들이 참된 예언의 은사와 사역에의 부르심을 받았음에도 과거의 실수로 인해 그들의 소명을 좇지 못하고 낙심해왔다. 수 년 전에 내가 지적한 바와 같이 추수의 첫 번째 단계는 그러한 사역들을 복구하고 회복하는 것이 될 것이다. 이 책이 이런 은사들을 일으키고 사람들에게 다시 일어서 주님 안에서 자신들의 목적을 다시 추구하도록 용기를 주는 데 도움이 되는 것이 나의 기도 제목이다.

또한 은사를 감당하고 있지만 아직 그것들을 진정으로 이해하지 못하거나 그 은사들을 어떻게 사용하는지 모르는 사람들을 돕는 것이 나의 바램이다. 하나님께서는 당신이 우리에게 맡기신 달란트와 영적인 은사가 그의 나라를 위해서 가장 효율적으로 쓰이게 되기를 원하신다.

그리고 마지막으로 성령의 어떤 은사로도 주님께 사용받아 본 적이 없으나 그렇게 되기를 진정으로 원하는 사람들을 위해서 이 책이 당신을 계속 소망하도록 도와서 당신이 하나님의 계획 속에 있는 당신의 역할에 맞게 온전히 준비 될 수 있기를 기도한다.

## 깨끗한 우물

진정한 사역을 감당하기 위해서는 순수한 동기가 매우 중요하다. 생명수는 "사람의 가장 깊은 부분"(요한복음 7:38)으로부터 솟아 나온다. 우리의 동기는 우리 마음속에 무엇이 있는가를 정확히 드러낸다. 우리의 마음이 순수할 수록 거기에서 나오는 물은 더욱 순수해 진다. 나쁜 나무는 좋은 열매를 낼 수 없으므로, 모든 사역자는 지킬 만한 것보다 더욱 자신의 마음을 지켜야 한다. 이는 생명의 근원이 이에서 나기 때문이다(잠언 4:23). 우리가 하나님의 자녀들을 섬기고 있기 때문에 그들에게 가장 순수한 물을 공급해야 한다. 이런 이유로 예수님께서는 다음과 같이 말씀하셨다.

"또 저희를 위하여 내가 나를 거룩하게 하오니 이는 저희도 진리

　　　　로 거룩함을 얻게 하려 함이니이다." 요한복음 17:19

　　　　"너희가 믿음 안에 있는지 시험하라." 고린도후서 13:5

　사도 바울은 우리를 권고한다. 이 시험은 우리의 동기를 점검하고 정화하는 것이다. 그 시험이 어려운 것은 아니다, 하지만 하나님 앞에서 인격과 사역의 순수함을 유지하려고 한다면 부지런히 그것을 우리 자신에게 적용해야 한다. 이 책의 목적중의 하나는 이 시험을 정확히 밝혀서 우리가 우리 자신과 사역을 올바르게 점검하여 우리가 계속해서 순종할 수 있도록 하는 것이다.

　우리가 영적인 은사와 사역에 대하여 공부할 때 우리는 정직과 올바른 동기의 중요성에서 생각해 보아야 할 필요가 있다. 이러한 교훈들 중 어떤 것들은 이 책에서 의도적으로 반복하여 다루어질 것이다. 반복은 우리가 잘 기억할 수 있도록 해 준다(베드로 후서 1:12-13을 보라). 한 원리가 반복되고 우리가 그것을 겸손하게 읽게될 때, 그것은 단순한 지식적인 동의에서 진정한 이해와 마음의 순종으로 옮겨가게 될 것이다. 우리의 머리로 믿는 것은 의를 내지 못하고 마음으로 믿는 믿음이 의에 이를 수 있다(로마서 10:10).

　　　　"하나님이 교만한 자를 물리치시고 겸손한 자에게 은혜를 주신다 하였느니라." 야고보서 4:6

　　　　"지식은 교만하게 하며 사랑은 덕을 세우나니." 고린도전서 8:1

　우리는 지식만 구하는 것이 아니라 진리에 대한 사랑을 구하는 것이다. 우리가 이미 아는 것을 듣고서 주님이 하시는 말씀에 귀를 기울일 때, 지식이 우리의 머리에서 마음으로 옮겨가는 은혜가 있게 된다. 목적은 우리가 무엇을 아는 것이 아니라 변화되는 것이다.

## 하나님께로 더 가까이

하나님과의 친밀한 동행이 예언 은사 혹은 사역을 구하는 모든 사람들의 근본적인 동기가 되어야 한다. "주 여호와께서는 자기의 비밀을 그 종 선지자들에게 보이지 아니하시고는 결코 행하심이 없으시리라"라고 아모스 3장 7절에 말씀하셨다. 성경 어디에도 주님께서 반드시 이것을 해야 한다고 말씀하시지는 않았다. 이것은 법적인 의무의 문제가 아니다. 주님께서는 어떤 것이라도 선지자들에게 말씀하시지 않고 행하시기를 원치 않으셨는데, 그것은 선지자들이 하나님의 친구였기 때문이다.

진정한 예언 사역의 본질은 하나님께서 우리에게 말씀하시지 않고는 어떤 것도 행하시지 않을 정도로 하나님과 가까워지는 것이다. 예언 사역에 요구되는 특별한 은사들과 부르심이 있지만 다른 무엇보다도 예언 사역의 본질은 주님의 특별하고 친밀한 친구가 되는 것이다. 그러므로 그 분과의 교제와 친밀함이 항상 우리의 우선적이고도 궁극적인 목적이 되어야 한다.

우리는 "선물을 구하는 것이 아니라 그것을 주시는 이를 구해야 한다"라는 말이 있는데 이것은 성경적이 아니다. 사실 그 말은 "사랑을 따라 구하라 신령한 것을 사모하되 특별히 예언을 하려고 하라"(고린도전서 14:1) 라는 영적인 충고에 어긋난다. 우리의 영적인 은사를 순수한 동기로 사모하기 위해서는 사랑을 추구해야 한다. 그러나 그것이 영적인 은사를 구해야 하는 필요가 없어지는 것은 아니다.

바울이 영적인 은사를 사모하라고 말한 것은 제안이 아니라 사도적 명령이다. 우리는 은사가 하나님을 대신하게 해서도 안되지만, 은사를 받지 않고는 은사를 주시는 이에게 나아갈 수 없다. 하나님의 영적인 은사처럼 소중한 것은 세상에 없으며, 은사를 받았다는 것이 우리가 은사를 주시는 그 분의 은혜를 입었다는 증거가 된다 어떤 이들은 사랑을 추구하기로 결심한다. 그리고 나서는 '하나님이 원하신다면 자신들을 영적인 은사들을 통해 사용하시겠지' 라고 생각하며 그저 기다리고만 있다(이런 사람들은 대체로 하나님께 쓰임을 받지 못한다). 우리가 영적인 은사들을 받기 위해서는 그것을 "간절히 사모"해야 한다. 그러나 은사를 사모하는 올바른 이유는 사랑이다. 주님의 뜻을 이루기 위해서 그의 백성의 필요를 만지기 위해서 은사를 구해야 한다. 우리가 하나님이 무엇을 하는지를 알아볼 요량으로 하나님께 가까이 나아가기를 구한다면, 우리는 그분과의 관계를 비극적인 방법으로 이용하는 것이다. 우리는 우리가 하나님께 무엇을 얻기 위해서가 아니라 그 분과 가까워지기 위해서 그 분을 구해야 한다. 아내가 오직 정보를 얻기 위해서 그 남편과 함께 있기를 원한다면 어떤 남편이 좋아하겠는가? 우리가 하나님께 가까이 나간다면 그는 그의 뜻을 계시하시겠지만 그것이 우리의 주된 동기가 되어서는 안 된다.

## 예언에 관한 논란들

최근 십 여 년 간 예언 사역과 은사는 교회에서 주된 관심의 대상이 되어 왔다. 수 천명의 사람들에게 긍정적인 영향을 미쳤던 놀라운 예언 사역들이 있었다. 또한 예언 사역자들로 잘 알려진 몇몇 사람들의 실수로 인해 큰 논란이 일기도 했다. 예언 사역이 올바로 사용되었을 때조차 오해들이 있어왔다.

예언 사역에 적용되는 엄격한 규율들은 다른 사역에는 거의 적용되지 않는 것들이다. 일부 목사들이 실수했다고 해서 목사라는 사역을 없애야 하는가? 몇 사람이 부정을 저지르거나 교리적으로 잘못이 있다고 해서 전도자나 교사의 사역을 폐해야 하는가? 결코 그렇지 않다. 그와 같이 예언 사역의 도덕적인 순결을 지키려고 한다면 쥐를 잡기 위해 초가삼간을 태울 것이 아니라 실수로부터 교훈을 얻으면 되는 것이다.

1980년대 말에 예언 사역이 교회의 이례적인 관심을 끌었다. 그 당시 많은 예언자들이 "정화", 즉 예언 사역자들을 성숙시키고 장차 더 충실하고 효과적인 진보를 위해서 큰 논란이 일어날 것이라고 예언했었다. "예언 운동(Prophetic Movement)"이라고 불렸던 운동이 상당히 중요한 진척을 가져왔지만 분명 앞으로 훨씬 더 큰 운동들이 일어나게 될 것이다. 예언 사역과 은사는 전 세계에 있는 교회가 직면하는 가장 심각한 이슈가 될 것이며, 결국은 전 교회에 대해 긍정적인 강한 영향력을 미치게 될 영적인 부흥에 불을 붙일 것이다.

## 하나님의 뜻

예언 사역을 성경적이며 순결하게 회복시키는 일이 하나님의 목적에 있어서 중요하긴 하지만 그것이 궁극적인 목적은 아니다. 그것은 앞으로 올 더 큰 운동을 위한 준비의 일부분이다. 예언 사역이 말세에 교회가 임무를 다하기 위해서 반드시 갖추어야 할 것이지만, 그것은 목적을 위한 도구이지 그 자체가 목적은 아니다. 또 다른 시대적인 조류에 휩쓸리지 않기 위해서는 더 큰 주님의 뜻을 이해해야 한다. 한 내 친구는 이렇게 말했다. "우리가 궁극적인 하나님의 뜻에 초점을 맞추지 않으면 우리는 다른 덜 중요한 목적들에 정신을 팔게 될 것이다."

교회가 마지막 때의 사역을 감당하기 위해서는 신뢰할 수 있는 정확성과 흠 없는 순결함으로 예언 사역을 해야 한다. 우리가 하나님의 계획을 올바로 실행에 옮기도록 준비되기 위해서는 그분의 뜻을 미리 알아야 한다.

몇몇 예언 사역자들이 공산권이 무너져서 일정기간 동안 복음이 전파될 것이라는 것을 몇 해 전에 미리 예고했다. 그러나 불행히도 이런 예언을 알고 있던 사람들조차 그런 일이 일어날 것에 대한 대비를 사실상 별로 하지 못했었다. 전 세계의 정치 판도가 뒤바뀌는 인류 역사상 가장 중요한 분기점에서 교회는 사실상 잠들어 있었던 것이다.

안타깝게도 오히려 많은 이단 종교나 극단적인 영성을 추구하는 그룹들이 구 공산권의 변화에 교회보다 더 준비되어 있었다. 그들은 공산국가에 성공적으로 침투해 그들의 영적인 갈급함에서 오는 공백을 메꾸어 주었다. 중국이나 이슬람국가에 복음의 문이 열리게 될 때도 같은 일이 반복될 것인가? 또 다른 거대한 영적 공백기를 야기할 자연 재해와 전쟁의 순간에도 잠들어 있을 것인가?

허리케인 휴고가 내 고향인 노스캐롤라이나의 샤를롯을 강타하기 약 1년 전에 한 예언자가 개인적으로 나에게 이렇게 일러주었다. "비가 수평으로 들이칠 정도로 엄청난 바람이 도시를 덮칠 것입니다." 몇 달 후 그 사람이 거대한 악마가 바다에서 일어나서 샤를롯에 있는 우리를 덮치는 환상을 본 일을 나에게 이야기 해 주었다. 그는 그 악마가 허리케인으로 바뀌었다고 했다. 허리케인이 해안에서 20마일이나 떨어진 샤를롯과 같은 내륙까지 오는 일은 없기 때문에 나는 이것이 영적인 허리케인이라고 생각했다.

얼마 지나지 않아 나는 주님으로부터 야영 도구를 구입하라는 하나님의 음성을 들었다. 나는 그 말대로 하려고 하다가 결국 그 일을 미루어 두고 말았다. 몇 달 후 허리케인 휴고가 샤를롯을 강타했다. 그날 밤 창 밖으로 비가 수평으로 쏟아지는 것을 바라보면서 내가 하나님께 좀 더 분명한 계시를 구하지 않았던 것이 매우 어리석은 일이었음을 깨달았다. 한 달 동안 도시 곳곳에 전기가 나갔을 때 야영도구를 사지 못했던 것이 무척이나 후회스러웠다.

나중에 그 예언을 했던 예언자가 올 가을에 캘리포니아 북쪽에 지진이 있을 것이라고 우리에게 이야기해 주었다. 진앙지는 샌프란시스코 바로 남쪽이 될 것이라고 했으며, 구체적으로 오클랜드 대교가 안전치 못할 것이라고 말하기도 했다. 그는 지진의 진도가 7을 기록할 것이라고 했는데 이는 앞으로 세상에 있을 영적인 진동(영적 정치적 경제적 대 격동)을 나타내는 것이라고 예언했다.

그 예언자는 세계 전지역에서 이 지진을 목격하게 될 것이라는 재미있는 이야기를 하기도 했다. 그의 예언을 듣던 우리 중의 누구도 전 세계가 그런 사건을 "목격"하게 되리라고는 상상하지 못했다. 그러나 그 지진은 우리가 들은 그대로 이루어졌다. 샌프란시스코 캔들스 스틱 파크에서 벌어진 월드 시리즈 첫 경기 중에 지진이 일어나서 전세계에 생방송으로 방영되었던 것이다.

그 일이 있기 몇 주전에 그 예언자가 캐롤라이나와 북 동부에 있었던 1993년의 폭설에 대해서 이야기 해 주었다. 그 일은 봄에 일어날 것이고 가장 늦은 시기 일어난 폭설이 될 것이라고 덧붙였다. 또 한 번은 그가 미시시피 강과 중서부 지방의 홍수가 일어나기 몇 주 전에 우리에게 말해주기도 했다.

이 형제는 그가 받은 꿈이나 분명한 환상들 한 번도 빠짐 없이 전해 주었다. 그를 알고 있는 우리들은 그가 나눈 계시들을 완벽하게 해석하지는 못했지만 그것들을 배워가는 과정에 있다. 우리는 영적 정치적 경제적 사건과 자연 현상들에 대해 구체적이며 정확한 계시를 받고 있는 사람들로부터 배우고 있다. 교회가 그 시대가 요구하는 전략과 비전에 발 맞추어 가기 위해서는 우리는 예언적인 계시를 받고 해석하고 판단하는 방법을 알아야 한다.

## 예언사역의 실수

성숙한 예언사역으로 들어가기 위해서 실수는 불가피하다. 실수를 했을 때 많은 이들이 우리의 실책으로부터 배우고 같은 실수를 반복하는 것을 피할 수 있게 되기를 바라는 마음으로 실수를 저지른 것에 대해 솔직해야 한다. 내가 알고 있는 예언 사역자들의 대부분은 자신을 "예언자"라고 부르지도 않으며, 그런 호칭 따위를 신경 쓰지도 않는다. 그들은 단지 하나님의 음성을 정확히 듣는 법을 배우기 위해 노력하며 모든 교회에서 각 사람이 같은 일을 할 수 있게 되기를 간절히 소망한다.

어떤 신자들은 참 선지자는 실수를 할 수 없다는 가르침을 고집하며 내가 예언 사역자들의 실수에 대해 말하면 거북해한다. 언젠가 교회에 백퍼센트의 정확성을 가진 예언 사역이 세워지기를 바라지만 지금까지 내가 알고 있는 한 백퍼센트의 정확성을 가지고 있다고 주장하는 어느 누구도 예언자라고 불릴 만큼의 중대한 예상을 하지 못했다. 나 자신도 중대하고 구체적인 예언에 관해서는 100퍼센트의 적중률에 이르지 못했다 (그런 이유로 어떤 이들은 내게 예언자라는 호칭은 걸맞지 않다고 여길 것이다.) 그렇지만 나는 다른 이들이 그 수준에 이르도록 돕기 위해서 최선을 다할 것이다.

예언적인 계시를 받고 해석하고 적용하는 데에 있어서 백퍼센트의 정확성이 우리의 목표가 되어야 한다. 우리가 거기에 도달하지 못했다는 것을 거리낌없이 인정하는 동시에 그것에 도달하기까지 포기하지 말고 계속 그것을 추구해야 한다. 그러기 위해서는 우리들의 실수에 대해서 정직하고 솔직해야 하며 우리의 성공에 대해서는 겸손해야 한다. 하나님은 겸손한 자에게 은혜를 베푸신다(야고보서 4:6). 우리는 예언자로서 인정을 받기보다는 그의 은혜 안에 거하는데 더 관심을 기울여야 한다.

### 곡식 속의 가라지

근래에 교회에 예언 사역이 유례없이 세워지고 있는 것과 동시에 많은 거짓 예언자들도 떠돌고 있다. 이것은 당연한 일이다. 주님께서 좋은 씨를 뿌리실 때마다 원수가 그 밭에 가라지를 뿌리려고 할 것이라고 주님 자신이 우리에게 경고하셨다. "거짓 선지자가 많이 일어나 많은 사람을 미혹하게 하겠으며"(마태복음 24:11). 많은 거짓 선지자가 일어날 것이라는 이 경고는 또한 참 선지자들도 있다는 말도 된다. 그렇지 않았다면 예수님께서는 단지 말세에 모든 선지자들이 거짓되다고 말씀하셨을 것이다.

위조 지폐가 있는 이유는 바로 진짜 돈이 있기 때문이다. 2천원 짜리 진짜 지폐가 없기 때문에 2천원 짜리 위조 지폐도 없다. 말씀을 통해서 밝혀가겠지만, 예언 사역은 교회에 덕을 세우기 위해서 주어졌으며, 교회가 완전해 질 때까지 계속해서 교회의 사역 속에 포함되어야 할 것이다. 우리에게 더 이상 선지자가 필요치 않다고 주장하는 것은 우리가 이미 온전하다고 주장하는 것과 같은데, 그것은 어느 누가 보아도 어불성설이다.

어찌 되었든 거짓 선지자는 존재하며 그것도 많은 수가 있다. 거기에는 교회 안에 있는 거짓 선지자들과 밖에 있는 거짓 선지자들도 포함된다. 이단 종교의 교주나 열정적으로 적그리스도적인 이들과 같이 교회 안에 있지 않은 자들의 거짓은 대체적으로 분명하게 드러난다.

원수는 모든 참 예언의 은사에서 나타나는 거짓 은사들을 가지고 있으며, 어느 정도의 실제적인 능력을 소유하고 있다. 뉴에이지 운동이나 다른 이단 종교에서 행해지는 영적인 능력은 실재로 존재하나, 그것은 악마의 초자연적 능력이다.

또한 교회 안에도 거짓 선지자와 거짓된 영적인 은사가 있다. 어떻게 우리가 참과 거짓을 분별할 수 있을까? 많은 사람들이 속는 것을 두려워하여 모든 예언의 은사와 다른 은사들까지도 기피하려고 한다. 그러나 속는 것에 대한 두려움이 우리를 지배하도록 한다면, 우리는 이미 그 속임수에 걸려든 것이며 원수는 자기의 목적을 이룬 셈이다. 교회와 악마의 세력은 이제 많은 선지자들과 성경의 사도들이 예언한 마지막 때의 대결을 향해서 빠르게 나아가고 있다. 우리가 진정한 은사를 알고 그것을 사용하는 것에 자라지 못한다면, 안타깝게도 우리는 이런 대결을 준비할 수 없을 것이다. 머지않아 영적인 은사와 능력에 관해서 중립적인 입장을 지키는 일은 불가능해 질 것이다. 진정한 은사들을 사용하는 데에 서투른 이들은 점점 더 거짓된 은사들의 지배를 받게 될 것이다.

주님께서 허락지 않으셨다면 원수가 와서 가라지를 뿌리는 일은 불가능할 것이다. 이것을 볼 때 우리는 주님께서 가라지를 두신 뜻이 있다는 결론을 내릴 수 있다. 주님께서 그의 밭에 원수가 가라지를 뿌리도록 두신 목적 중의 하나는 가라지에 대처하는 것을 배우는 것이 우리가 마지막 때의 대결에 대비하는 것에 도움이 되기 때문이다.

주님께서는 모든 사람의 마음을 알고 계신다. 그 분은 처음 유다를 택했을 때부터 그가 배반자임을 알고 계셨다. 예수님은 또한 유다가 도둑이라는 것을 알면서도 돈주머니를 맡기셨다. 분명히 거기에는 돈을 안전하게 지키는 것보다 중요한 무언가가 있다. 그렇지 않았다면 가장 돈을 훔칠 법한 이에게 일부러 돈을 맡기시지 않으셨을 것이다.

주님께서는 자신의 바로 가까운 주위에 마귀와 대적하도록 만드는 사람들과 상황들이 들어오도록 허락하셨다. 이를 통한 훈련이야말로 지속적인 일치나 물질을 안전히 지키는 것보다 훨씬 더 중요했던 것이다. 제자들을 준비시키기 위한 주님의 주 전략 중 하나는 그들의 진영 밖에서 뿐 아니라 안에서 원수를 대적 하도록 하는 것이었다.

## 성급한 가라지 뽑기

많은 교회들이 밭에서 가라지를 뽑기 위해 상당히 많은 노력을 한다. 그러나 그것은 헛수고이다. 왜냐하면 주님께서는 어느 정도의 가라지가 나기를 원하시며 사탄이 계속 그것을 뿌리도록 놔둘 것이기 때문이다. 가라지를 처리하는 하나님의 지혜는 어떤 것일까?

"'추수 때까지 둘 다 함께 자라도록 두었다가 추수 때에 내가 추수꾼들에게 말하여 먼저 독보리를 모아서 불사르기 위하여 단으로 묶고 곡식은 내 곡식 창고로 모아들이게 하리라고 하니라.' 하시더라." 마태복음 13:30

주님께서는 우리가 추수 전에 그것을 나누려고 한다면 가라지와 함께 곡식도 망치게 될 것이라고 말씀하셨다. 이 지혜를 깨닫지 못하므로 많은 교회들이 성급하게 가라지를 뽑느라 자라나는 중에 있는 예언자들과 그들 중의 다른 사역까지 소멸시켜 왔다.

"추수 때 즉 그것이 성숙해지기까지는 곡식과 가라지를 구분하기란 사실상 불가능하다. 가라지는 실제로 곡식과 꼭 같이 생겼다. 하지만 곡식은 우리에게 양분을 주지만 가라지는 몸에 해롭다. 다행히도 익은 곡식은 고개를 숙이지만 가라지는 계속해서 꼿꼿이 서있다. 성숙해감에 따라 진정한 하나님의 은사는 사람을 갈수록 더 겸손하게 만든다. 거짓 은사는 사람을 더욱더 교만하게 한다. 추수 때가 되기 전까지는, 참되나 성숙하지 못한 선지자들은 거짓 선지자들과 마찬가지로 무익하다. 심지어 가장 위대한 선지자중의 하나인 사무엘 마저도 마음보다는 외모로 사람을 판단하려 했었다 (사무엘 16장을 보라).

내가 만났 던 중 가장 통찰력있는 선지자들 중에서도 어떤 이들은 여전히 그런 경향을 가지고 있는 것을 본다. 사실 나는 물론이고, 그런 문제가 전혀 없는 사람을 한 사람도 보지 못했다. 우리는 하나님으로부터 온 계시가 아니고는 다른 사람의 마음을 진정으로 알 수 없다(그러나 우리는 그 계시를 구한다). 우리는 육이 아니라 영을 좇아 사람을 아는 법을 배워야 한다(고린도후서 5:16).

야곱과 에서의 젊었을 때로 보아서는, 대부분 눈속임이나하고 부정직한 사기꾼 야곱보다는 고분고분하고 순종적인 에서를 택할 것이다. 그러나 에서는 그리스도 안에 있는 영원한 유업을 하찮게 여겨 그의 눈앞의 육신의 영화를 위해서 장자의 권리까지는 파는 것을 서슴지 않았다. 야곱은 거짓말쟁이요 사기꾼에 도둑이었지만 그 유업을 사랑하여 그것을 얻기 위해 기꺼이 자신의 목숨을 걸었다. 이것이 단지 고분고분한 것 보다 하나님을 더 기쁘시게 했다.

야곱이 하나님과 겨룰 때 경험했던 그런 하나님과의 만남을 가지게 되기 전까지는, 대부분의 진정한 선지자들과 교사와 목사들과 전도자들과 사도들이 "야곱의 기질"을 갖게 될 것이다. 많은 목회자들과 교회의 지도자들이 하나님의 뜻보다는 교회의 평화와 조화를 더 중히 여긴다. 그렇게 말하지는 않지만 그들의 행동이 그것을 나타낸다. 우리는 분명히 평화와 조화를 존중해야 하지만 하나님의 최고의 목적을 희생시켜서까지 그렇게 해서는 안 된다. 지금 온전한 질서와 조화 가운데 있는 유일한 신자들은 무덤에 있는 자들 뿐이다 제임스 라일이 말했던 것처럼 "모든 건강한 생물은 자라며, 모든 자라는 것들은 변화한다. 그리고 변화는 도전을 가져온다." 주님보다는 주위 환경에 안주하려는 경향 때문에 대부분의 크리스천을 포함한 대개의 사람들은 변화를 매우 꺼린다. 우리가 환경을 의지하고 거기에 안주한다면 변화를 불안해하게 된다. 사실 이것이야말로 인간에게 가장 힘든 멍에 중 하나이며 또 우리로 하여금 새 포도주를 담을 수 없는 헌 부대가 되게 하는 주된 요인이다. 이 멍에를 "친근한 것들의 횡포"라고 한다.

고난과 시련은 우리가 이 멍에로부터 벗어나 우리가 하나님의 나라로 더 나아가도록 하기 위해 주어질 때가 많다. 우리는 때로 올바른 방향으로 나아가기 위해 시련이 필요하다. 갈등은 우리가 방향을 잃어가고 있다는 신호가 아니라 목적지에 가까이 가고 있음을 말해 주는 것이다.

### 논쟁의 소중함

에베소 4장에 열거된 진리와 사역들의 회복이 있을 때마다 교회에는 심한 논란이 있었왔다. 마틴 루터가 모든 믿는 자의 제사장직을 선포했을 때 전 기독교가 술렁였다. 그러나 그는 교회가 목회 사역의 회복을 시작하도록 만들었다. 교회에 전도자의 사역을 회복하는데 기여했던 웨슬리와 윗필드와 에드워즈와 같은 이들은 모두 이단이자 가장 비열한 형태의 협잡인 성적인 부도덕과 부패를 저질렀다고 비난받았다. 그들을 고소하던 자들은 잊혀진 지 오래지만 그들이 교회에 회복시킨 사역은 계속되고 있다. 예언 사역과 사도적 사역도 그와 같은 것이다.

주님께서 논란을 허락하시는 이유는 그것이 사역을 정화하기 때문이다. 첫째로 논란은 모든 진리와 사역의 회복에 불가피하게 수반되는 오류와 극단주의를 바로 잡을 수 있게 한다. 또한 논란은 자기의 이기적인 야망을 위해 새로운 운동을 좇으려는 이들을 가려낸다.

이와 같이 논란은 두려워하는 사람들을 물러나게 함으로써 사역에 순결함을 가져온다. 주님께서는 두려워하는 자들을 불과 유황으로 타는 못에 참예하게 될 믿지 아니하는 자들과 흉악한 자들과 살인자들과 행음자들과 술객들과 우상 숭배자들과 모든 거짓말하는 자들과 함께 열거하셨다. 두려움은 하나님의 나라에 있을 수 없다. 왜냐하면 진정한 믿음은 용기를 수반하기 때문이다. 주님께서는 논란과 박해를 두려워하는 자들과 믿지 않는 자들을 그의 역사에서 떼어놓는 도구로 사용하신다. 성서시대와 교회 역사를 통틀어 진정한 기독교는 보통 논란 가운데 존재했다. 종종 자연계가 영적인 현실들을 반영한다는 것은 예언적인 원칙의 하나이다. 기름은 힘을 상징한다.

우리는 사람들에게 기름을 붓는데 그것은 기름이 성령의 능력을 상징하기 때문이다. 세계에서 기름이 가장 많이 매장되어 있는 중동이 가장 큰 논쟁에 휘말리고 있는 지역이라는 것은 결코 우연이 아니다. 이것은 영적인 세계의 원리를 반영한 것이다. 즉 가장 큰 기름부음이 있는 곳에 또한 가장 큰 갈등과 논란이 있게 될 것이다. 만약 우리가 중동의 기름을 위해 싸우려 하지 않는다면, 우리는 우리의 문명을 움직이는 가장 거대한 힘의 원천을 잃게 되거나 잔혹한 독재자들의 노예로 전락하게 될 것이다.

기름부음에 있어서도 마찬가지이다. 주님께서는 때때로 일부러 하나님의 역사가 갈등과 논란가운데 있도록 하시는데, 그것은 우리가 하나님의 뜻을 이루기 위해 무엇보다도 하나님의 뜻을 존귀히 여기도록 하시기 위함이다. 우리는 진리와 하나님의 뜻을 위하여 모든 것을 기꺼이 희생할 때 비로소 진정한 사역의 충만함에 거할 수 있다. 사역을 감당한다는 것은 이 세상에서 가장 거룩하고 영예로운 일이다. 주님께서는 진정한 사역이 천하게 여겨지도록 내버려두지 않으신다. 그러나 천하게 되지 않게 하기 위해서, 주님께서는 그 겉모양을 천하게 만드셔서 교만을 제하시고 개인적인 야망을 좇는 이들을 가려내신다.

예언 사역처럼 축복과 재난 가능성을 모두 가지고 있는 사역은 아마 없을 것이다. 그러나 진정한 예언 사역이라는 곡식이 가라지 없는 교회에서 자라기를 바란다면 우리는 곡식을 잃게 될 것이다. 우리는 가라지를 처리하는 방법을 배워야 한다. 알렉산더 솔제니친이 말한대로 "지속적인 안정은 어느 생물에게나 해롭다는 사실을 자연도 우리에게 가르쳐준다." 어떤 문제도 원치 않는 자들은 축복도 받을 수 없다.

우리가 사탄이 우리를 속일 것이라고 믿는 것 보다 하나님께서 우리를 진리 가운데 인도하실 것이라는 사실을 더 신뢰한다면, 하나님께서는 명확한 예언적인 통찰력을 주실 것이다. 이 시대의 사명을 감당하기 위해서는 명확한 통찰력이 요구되며 때로는 우리의 생존 자체만을 위해 필요하다. 예언적 사역은 교회를 세우기 위해 주어졌으며 예언 사역 없이는 교회가 올바로 준비 될 수 없다. "선지자의 이름으로 선지자를 영접"하지 않는 교회는 선지자의 상을 받지 못하며 예언 사역의 혜택을 누릴 수도 없다.

## 하나님의 말씀을 대언하는 자들의 책임

교회가 앞으로 펼쳐질 하나님의 계획에 열려 있어야 하는 책임이 있는 것과 마찬가지로 예언사역에 부르심을 받은 이들은 그들의 사역에 가장 중요한 정직성을 회복해야 할 책임을 가지고 있다. 오늘날 예언 사역에 더 많은 영적인 권위와 기름 부으심이 주어짐에 따라 그 책임감도 더해진다.

신약과 구약에 선지자로 번역되는 헬라어와 히브리어의 정의에 따르면, 예언 사역이란 하나님의 말씀을 대언하고, 하나님과 직접적인 교제를 나누며, 하나님의 계시를 해석하고, 하나님의 계획을 설명하는 일을 말한다. 이 정의들은 모두 예언 사역이 얼마나 중요한 지를 말해주고 있다. 하나님의 말씀을 대언하고 하나님의 계획을 설명하는 일이 미물인 인간에게 맡겨졌다는 것을 생각할 때 그 책임감의 크기는 상상하기조차 힘들다. 주님께서는 그의 말씀을 심지어 그의 이름보다 높이 두셨다(시편 138:2). 성서 시대에서 사람의 이름은 곧 그의 신원을 의미했다. 이것은 지금도 마찬가지이다. 왜냐하면 우리는 우리의 호칭이나 명성이 아니라 우리가 하는 말에 의해 판단을 받게 될 것이기 때문이다.

주님을 대신하여 그 말씀을 대언하는 일은 가장 막중한 책임을 수반하여 따라서 최고의 책임감과 정직함으로 그것을 감당해야 한다. 우리가 우리의 사역에 인정을 받기 시작하고 교회에 미치는 영향력이 커져 갈 때, 우리의 승리는 더 많은 열매를 낼 것이고 우리의 실패는 더 큰 해를 입히게 될 것이다. 우리가 영적인 은사를 힘써 구해하는 것이 옳은 일이기는 하지만 만일 우리가 사람에게 나타내는 것을 추구하고 조급하게 영향을 미치려고 한다면 그것은 잘못 된 일일 뿐 아니라 비극적인 결과를 초래하기도 한다.

영적인 권위를 진정으로 이해한 사람들은 가장 낮은 자리에 처하려고 하게 되어있다(자기를 보호하기 위해서라도). 주님의 이름으로 말하는 일의 막중한 책임을 다하기 위해서는 우리는 충분하게 준비되어야 하며 그렇지 못한다면 유익보다는 해를 미치게 될 것이다.

우리가 지혜롭다면 지위나 영향력이 아니라 영적인 은사를 구할 것이다. 자신을 높이거나 혹은 이기심으로 얻은 영향력은 모두 우리를 실족하게 하는 걸림돌이 될 것이다. 우리는 우리를 자신을 위해 쌓아 올린 모든 것으로부터 결국 추락하게 될 것이다. 우리가 높이 쌓아 올릴수록 우리는 더 아래로 추락하게 될 것이다. 우리가 더 높은 곳에 이를수록 그에 수반하는 것들 또한 커지게 된다. 능력이 클수록 고난도 크고 열매가 클수록 미칠 수 있는 해악도 커진다. 올바른 이유 때문에(주님의 이름을 높이거나 그의 뜻을 이루기 위해) 높은 곳에 이르기를 바라는 것은 잘못이 아니다. 우리 자신을 위해 그것을 바라는 것이 잘못이다. 모든 사역의 핵심인 제사장 사역에 대해서 히브리서 기자는 이렇게 말했다.

> "이 존귀는 아무나 스스로 취하지 못하고 오직 아론과 같이 하나님의 부르심을 입은 자라야 할 것이니라. 또한 이와 같이 그리스도께서 대제사장 되심도 스스로 영광을 취하심이 아니요 오직 말씀하신 이가 저더러 이르시되 너는 내 아들이니 오늘날 내가 너를 낳았다 하셨고" 히브리서 5:4-5

주님이 이럴진대 하물며 우리는 어떠하겠는가? 가라지는 어디에나 있는 것처럼 보일지 모른다. 곡식 밭과 교회와 예언사역과 개개인 우리에게 모두. 그러나 비록 주님께서 우리에게 곡식과 가라지가 함께 자라도록 내버려 두라고 말씀하셨지만 빵을 만들려면 곡식에서 가라지를 분리해야 한다. 때로 그 과정은 매우 힘들며 제때에 행해져야 한다.

> *"그가 아들이시라도 받으신 고난으로 순종함을 배워서."* 히브리서 5:8

우리는 진정한 영적 권위에 요구되는 성숙에 이르게 하는 고난과 시련을 기꺼이 받아 들여야 할 것이다.

## 하나님의 친구

하나님께서는 "자기의 비밀을 그 종 선지자들에게 보이지 아니하시고는" 결코 행하지 않으시기까지 선지자들을 신뢰하셨다(아모스 3:7). 하나님께서는 모든 것은 선지자들과 나누시기로 정하셨는데, 그것은 그분이 그것을 원했기 때문이다. 선지자들이 바로 그의 친구였다. 선지자의 가장 중요한 소명은 하나님께서 가장 은밀한 뜻을 나눌 수 있는 친구가 되는 것이다. 가장 은밀한 비밀은 친구와 진정으로 사귀는 연인에게만 이야기하는데, 왜냐하면 그들이 믿을 수 있는 유일한 이들이기 때문이다.

"여호와의 친밀함이 경외하는 자에게 있음이여"(시편 25:14)라고 주님은 또한 말씀하셨다. 어떤 왕도 수다쟁이나 왕 앞에서 들은 이야기를 쉽게 흘리는 자들을 가만 두지 않는 것처럼 주님도 마찬가지이시다. 진정한 예언자가 교회에 회복되기 위해서는 먼저 하나님에 대한 순수하고 거룩하며 의로운 두려움이 있어야 한다. 막중한 책임이 요구하는 신실함을 갖춘 예언 사역이 되기 위해서는 하나님이 어떤 분이시며 그 말씀이 얼마나 존귀한 것인지를 알아야 한다.

## 하나님을 경외함

이스라엘 아합왕 앞에서 전했던 엘리야의 첫 말씀에 예언자의 신실함에 대한 첫 번째 원리가 나타나 있다.

*"내가 앞에 서있는 사신 하나님을 가리켜 맹세하노니..."*

열왕기상 17:1 킹제임스역

엘리야는 그가 단지 인간에 불과한 아합 왕 앞에 서있을 뿐 아니라 우주의 왕이신 주님 앞에 서있다고 증거하고 있다.

*"내가 지금까지 사람의 기쁨을 구하는 것이었더면 그리스도의 종이 아니니라"* 갈라디아서 1:10

라고 사도 바울은 말했다. 아무리 우리가 자주 그리고 엄숙하게 "주님이 그렇게 말씀하셨다" 고 말한다 하더라도, 그것과 상관없이 우리가 사람들에게 인정받고 용납되기를 바라는 만큼 우리의 사역과 말은 타락하게 될 것이다.

베드로가 하나님의 관점이 아니라 사람의 입장에서 예수님께 조언을 드리려고 했을 때 예수님께서는 그를 사탄이라고 부르셨다(마태복음 16:21-23을 보라). 우리가 사람을 두려워하는 것과 사람의 인정과 환영을 받으려는 욕망으로부터 자유할 때만이 순전한 하나님의 말씀을 전할 수 있다. 우리는 인간적인 관점에서만 사물을 바라보는 것으로부터 벗어나야 한다. 사람 중심적인 것이 우리의 삶에 영향을 미칠 때 우리는 베드로처럼 사람의 관점에서 예언하게 될 것이며 하나님의 뜻에 걸림돌이 될 것이다.

때로 우리가 어떤 지역의 부흥이나 회개가 있기를 주님께 기도할 때, 하나님께서는 사람들의 주의를 끌기 위해서 가뭄을 보내신다. 비가 오기를 기도하기 위해 우리는 교회로 모여든다. 엘리야는 사람들이 아니라 하나님과 한 뜻이 된 사람이었으므로 주님의 심판이 오기를 기도했다. 그는 또한 하나님과 한 뜻이 되는 것이 궁극적으로는 사람들을 위함임을 알고 있었다. 하나님의 심판마저도 사람들을 가장 위하는 길이다. 우리가 심판을 받게 된다면 그것은 심판이 필요했기 때문이다.

하나님 편에 선다는 엘리야의 결심은 타협을 몰랐다. 그 때문에 전 민족의 바램과 삶의 방식이 하나님의 뜻과 맞지 않았을 때에도, 그는 "이스라엘을 괴롭게 하는 자"라고 불리웠다(열왕기상 18:17). 사람보다 하나님을 더 두려워하는 사람은 항상 사람에게 위협으로 인식되게 될 것이다. 진정한 예언자는 사람들의 비뚤어진 사욕에 있어서는 가장 큰 위협이 되나, 그들의 구원의 가장 큰 소망이다. 이런 이유로 사람들이 자신에 대해서 생각하는 것에 지나치게 신경을 쓰는 선지자는 그들의 부르심을 온전히 감당할 수 없으며 거짓 선지자로 변질되기 쉽다.

진정한 선지자란 교회의 대변인이 아니라 하나님의 대변인이다. 그는 교회를 세우기 위해서 보내심을 받은 것이지 교회를 변호하기 위해서가 아니다. 자신들의 교리나 사역이나 비전을 실증하는 선지자들만 받아들이는 자들은 진정한 선지자들을 받아들이지 않고 있는 것이다. 소명이 없고 이기적인 지도자들은 확신이 없으므로 자신들에게 동의하는 자들만 수용한다. 이런 사람들은 항상 진정한 예언사역과는 충돌을 일으키고 종종 거짓된 예언사역은 받아들인다. 이처럼 지도자들이 받아들일 만 하다고 생각되는 것들만 말하는 예언자들이 예언 사역을 왜곡시켜 왔다.

다윗은 하나님이 임명하시고 세우신 위대한 성경적인 지도자의 모범이 되는 왕 중의 한 사람이다. 예수님도 다윗의 왕좌에 앉으신다고까지 말씀하셨다(누가복음 1:32). 왕좌는 권위의 자리며 다윗은 예수님께서 앉으실 만한 권위의 위치까지 올랐다. 그럼에도 불구하고 다윗은 하나님께서 보내셨다고 생각했기 때문에 그에게 돌을 던지던 광인을 내버려 두었다 (사무엘하 16:5-13을 보라). 다윗은 자신의 죄에 마땅한 하나님의 꾸짖음을 물리치는 것을 원치 않았다. 이것이 바로 진정한 권위이며 이것은 오직 진정으로 하나님으로부터 세우심을 입어야 만이 가능하다. 다윗은 그의 백성이 이런 모욕에 대해서 어떻게 생각할지 상관하지 않았다. 오히려 그는 하나님께서 그에게 무슨 말씀을 하시고자 하는 지에 더 관심이 있었다.

다윗은 이 광인이 하나님이 보내신 자가 아니라면 하나님께서 심판하실 것임을 알고 있었다. 바로 이러한 중심이 다윗의 왕위를 세세토록 세운 것이다. 이와 마찬가지로 우리의 권위를 세우고 그것을 유지하기 위해서는 이런 중심을 가져야 한다. 자기의 목숨을 구하고자하거나 자기 권위를 세우고자 하는 이는 그것을 잃게 될 것이다. 모든 것을 하나님의 손에 잃을 각오가 되어 있는 자들이야말로 진실로 자신의 생명을 찾고 그들에게 맡겨진 권위와 위치를 지킬 수 있을 것이다. 하나님의 영광과 그 분의 뜻에 온전히 헌신하는 것은 진정한 예언의 기름 부으심을 감당하려는 자들 뿐 아니라 예언사역의 혜택을 누리려고 하는 교회에게도 요구된다.

## 몸의 지체

하나님께서는 교회에 자신을 대신해서 말씀하시려고 예언자를 주셨다. 어떤 의미에서 모든 사역이 주님을 대언하는 것이지만, 예언사역은 구체적인 사건에 대한 하나님의 구체적인 뜻과 계획을 계시해 준다. 그러나 선지자는 그리스도의 몸의 지체일 뿐이므로 나머지 지체와 조화를 이루어야 한다. 예언자는 뇌로부터 몸 전체에 신호를 보내는 신경과 같다. 신경의 중요 기능은 머리를 대표하며 그것을 몸 전체와 연결시키는 것이지만, 또한 몸으로부터 신호(고통과 같은)를 뇌에 전달하기도 한다. 이와 같이 선지자는 메신저와 중보자의 역할을 모두 해야 한다.

주님께서는 절대로 선지자로 부르심을 받은 이들을 통해서만이 말씀하시도록 자신을 제한하시지는 않으시지만, 그것이 예언자의 주 기능이다. 마찬가지로 비록 주님께서 특별한 치유의 은사를 가졌는가에 상관없이 누구든지 병자를 고치는데 사용하시지마는, 은사를 가진 자들은 특별히 그것에 헌신될 것이다. 사도 바울이 말한 대로 모든 이가 발과 눈이 되는 것은 아니다. 만일 온 몸이 눈이라면 어디로 소리를 들을 것인가?(고린도전서 12:17) 바울은 또한 모든 사람이 예언을 하라고 말했다(고린도후서 14:31). 발이 눈이 아니지만 어두워서 눈을 사용할 수 없을 때에는 어디로 가는지 "보기" 위해 발을 내밀 수도 있다.

주님께서 많은 성도들을 저마다 하나의 전문된 사역으로 부르셨지만 그렇다고 해서 그 사역을 위해 꼭 그 사람들만 사용한다는 말은 아니다. 각 사람이 전부 예언자는 아니지만 모두가 예언할 수는 있다.

몸의 각 지체는 각기 다르다. 다른 사역자들이 예언자처럼 되기를 기대할 수 없고 또한 예언자들이 다른 사역자와 같이 되기를 바래서도 안 된다. 실제로 성경의 모든 예언자들은 각자 다 다르다. 창조적인 것은 하나님의 속성이다. 하나님께서는 각 사람과 나무와 심지어 각 눈송이 마저도 각기 다르게 만드셨다. 우리가 하나님과 그의 주신 것들을 특정한 방식이나 형태로 제한할 때, 그 분께 이야기하며 그 분으로부터 들을 수 있는 우리의 능력을 크게 제한하게 된다.

성경에 선지자들이 계시를 받을 때 어떤 이들은 주로 환상으로 어떤 이들은 꿈으로 어떤 이들은 하나님의 말씀으로 어떤 이들은 일어나고 있는 사건 속에서 하나님의 뜻을 분별함으로 어떤 이들은 성경 말씀으로 어떤 이들은 입신 중에 계시를 받는다. 어떤 이들은 하늘로 들어올리기도 했는데 이들은 단지 환상을 본 것이 아니라 실제로 그 장소에 갔던 것이다. 어떤 이들은 천사로부터 계시를 받고 어떤이들은 주님으로부터 직접 받았다.

하나님께서 지금은 이렇게 말씀하시지만 다음 번에 전혀 다른 방법으로 말씀하실 수 도 있다. 이것은 우리를 혼란시키기 위함이 아니라 그를 계속해서 찾고 그를 의지하도록 하시기 위함이다.

*"예수의 증거는 대언의 영이라."* 요한계시록 19:10

진정한 예언은 모두 그를 증거하는 것이다. 진정한 예언은 주님으로부터 나오며 우리를 주님에게로 이끈다. 예언은 주님이 교회에게 말씀하시는 것이다. 예수님께서는 자신을 다른 방법들로 나타내셨다(예수님은 사자로 때로는 양으로 나타나셨다). 그는 평화의 왕자로 오셨으나 칼을 가지러 오셨다고 말씀하셨다. 이런 그리스도의 성품들은 서로 모순되는 것이 아니라 서로 보완적이며 그 분에 대한 좀더 온전한 계시를 우리에게 준다.

이런 이유로 사도 바울은 로마 성도들에게 "하나님의 인자와 엄위를 보라"(로마서 11:22)라고 간청했다. 우리가 하나님의 성품을 정확히 알기 위해서는 그의 인자와 엄위를 모두 보아야 한다. 하나님의 선하심과 자비와 용서만을 보는 자들은 분명히 뻔뻔한 은혜와 거룩치 못한 자비의 노예로 전락하게 될 것이다. 거룩치 못한 자비란 하나님께서 인정치 않는 것들에 자비를 베푸는 것을 말한다. 하나님의 엄위 만을 보는 이들은 늘 우리를 중보하기 위해서 사셨던 그리스도의 영이 아니라(히브리서 7:25) "우리의 형제들을 참소하던 자"의 영으로(계시록 12:10) 사역하는 "양들을 때리는 자"가 되는 경우가 많다.

### 그리스도의 선지자

우리는 "은혜의 선지자"나 "심판의 선지자"가 아니라 예수를 증거하는 선지자가 되어야 한다. 각 나라나 지역마다 그곳을 지배하는 영혹은 정사가 있다. 각 나라나 지역마다 사람들을 그곳을 지배하는 어둠의 영으로부터 해방시키기 위해서 하나님은 어떤 구체적인 메시지를 가지고 계신다.

예를 들어 미국의 남부에는 일반적으로 사람들로 자기의 의를 이루게 하는 교리와 사고 방식을 퍼뜨리는 종교의 영이 지배하고 있다. 중서부에는 오히려 그 반대이다. 거기에는 사람들이 자신이 가치없다고 느끼게 만들어서 하나님이 진정으로 그들을 사랑하시고 용납하신다는 사실을 믿지 못하게 만드는 비판의 영이 있다. 그러나 남부 지방의 설교의 대부분은 하나님의 인자하심을 지나치게 강조해서 은혜와 번영에 대한 잘못된 인식을 갖게 만든다.

대체적으로 남부는 하나님의 엄위에 대해서 좀 더 들어야 할 필요가 있고 중서부는 하나님의 선하심에 관해서 좀 더 들어야 한다. 말씀을 전하는 이나 예언자들은 그들이 있는 곳에서 예수님께서 무엇을 말씀하시고 있는가에 대해서 민감해야 하며 단지 인자와 엄위에 대한 일반적인 메시지만을 전해서는 안 된다. 만일 이미 참소자에게 짓밟힌 자들에게 엄위에 대한 일반적인 메시지를 전한다면 예수의 영과 증거 대신에 정죄하는 영을 돕는 것이 될 것이다. 하나님의 인자하심에 대해서만 말씀을 전하는 것도 마찬가지이다. 진정한 선지자는 은혜나 심판이나 혹 다른 어떤 입장에 "갇히지" 않고 각 상황에 맞는 그리스도의 현재 생각을 전할 것이다.

요한이 계시를 받았을 때에 소아시아에 있던 일곱 교회들은 동시대의 같은 지역에 있었지만 각기 다른 메시지가 필요했다. 이것은 우리가 모든 교회에 단 한 가지 메시지를 전하려고 한다면 우리는 하나님의 생각을 품고 있는 것이 아니라는 사실을 보여준다. 목사와 교사는 교회와 함께 있으며 관찰하면서 목양과 가르침에 대한 필요들을 분별할 수 있다. 그러나 예언자는 그렇지 않다. 올바른 예언적 메시지를 교회에 전하기 위해서 우리는 사람들이 아니라 주님을 바라보아야 한다.

예수님은 사자이시며 양이시다. 때로는 세미한 음성으로 말씀하시며(열왕기상 19:12), 어떤 때는 "시온에서 부르짖으신다"(요엘 3:16). 우리가 세미한 음성만 듣는다면 우리는 그분이 부르짖으실 때 듣지 못할 것이며 혹은 그 반대가 될 수 도 있다. 그 분이 말씀하시는 방법을 가지고 하나님의 음성을 분별할 수 있는 것이 아니다. 하나님의 음성은 성령으로 분별해야 한다. 나는 나의 아내를 알기 때문에, 그녀의 목소리가 속삭이는 것인지 혹은 언성을 높이는 것인지를 안다. 우리가 주님을 안다면 하나님께서 말씀하시는 방법과 상관없이 그 분의 목소리를 알아 들을 것이다.

## 성숙한 예언 사역

"어떻게 하면 성숙한 예언 사역자가 될 수 있나요?" 라는 질문을 흔히 받게 된다. 이 질문이 완전히 잘못된 것은 아니지만, 약간 바로잡아야 할 필요가 있다. 우리는 성숙한 사역자가 되기 위해서 부르심을 받은 것이 아니라 "범사에 그에게까지 자라"(에베소서 4:15)기 위해서 부르심을 받은 것이다. 사과나무가 사과를 맺기 위해서 애쓸 필요는 없다. 사과가 열리는 것은 그것이 사과나무이기 때문이다. 우리가 진정한 사역을 감당하기 위해서는 모든 것을 공식화하려는 산업화 시대의 오류로부터 벗어나야 한다. 사역에 있어서 진정으로 중요한 문제는 사역의 방법이 아니라 우리가 사역하면서 누구 안에 거하는가 하는 것이다.

예언 사역자가 되는 어떤 공식이나 방법이 있는 것이 아니다. 하나님이 예언자로 부르시지 않았다면, 자신의 노력으로 예언 사역을 일으킬 수 없다. 우리가 은사를 구해서 받을 수는 있지만, 우리에게 은사가 있다고 꼭 교회에서 직분을 받게 되는 것은 아니다. 하나님께서 우리를 어떤 사역으로 부르셨다면, 때가 되면 그것이 드러나게 될 것이다.

우리가 하나님의 뜻을 섬기기 위한 올바른 동기로 사역을 구한다면, 사역을 구하는 일이 잘못된 것은 아니다. 그것이 우리의 동기라면 우리는 계속해서 그리스도에게만 헌신할 수 있을 것이다. 그렇게 되면 사역은 그리스도를 섬기는 도구일 뿐이다. 우리가 사역 자체를 중요시하게 될 때, 그 사역은 아무리 잘해도 타락한 사역이 될 것이다. 그 분을 증거하는 것이 우리의 중심이 될 때, 우리는 진정한 예언사역, 즉 "예수를 증거하는 일"에 근접하게 되는 것이다. "스스로 말하는 자는 자기 영광만 구하되 보내신 이의 영광을 구하는 자는 참되니 그 속에 불의가 없느니라"(요한복음 7:18)라고 주님께서는 경고하셨다.

우리가 어떤 사역에 부르심을 받았던지 우리는 다른 사람을 모방하거나 흉내내려고 할 것이 아니라 우리가 따르도록 부름을 받은 그 분의 형상을 좇아야 한다. 예언자를 길러내는 학교가 도움이 될지 모르지만, 만약 모두 같은 예언을 하는 앵무새만을 배출해 낸다면 오히려 역기능을 하게 될 것이다. 슬픈 일 이지만 대부분의 사역자들은 옷만 보아도, 혹 어떤 경우는 몰고 다니는 차를 보면 그 교파를 짐작할 수 있다. 왜 이렇게 획일적으로 되려고 하는 것일까? 이것은 자연적인 창조와 새 창조 모두에 상반되는 것이다.

앞서 말한대로 예수님께서는 유일한 사도요 예언자요 전도자요 목사요 교사이시다. 이러한 사역들이 개개인들에게 나누어서 주어졌으므로, 모든 은사를 받은 자들은 그리스도의 온전한 사역을 이루기 위해 힘을 합쳐야 한다. 바로 이런 이유로 바울은 다음과 같이 고린도 교인들에게 설명했다. "그리스도의 증거가 너희 중에 견고케 되어 너희가 모든 은사에 부족함이 없게 하라"(고린도전서 1:6-7). 온전한 그리스도의 증거는 오직 모든 은사와 사역이 한 몸으로서 기능하게 될 때만이 나타날 수 있다. 예수님께서는 당신의 백성이 온전함(문자적으로 완벽함)을 이루어 하나가 되도록 기도하셨다(요한복음 17:23). 히브리 기자는 그의 서신을 다음과 같은 말로 열었다.

> "옛적에 선지자들로 여러 부분과 여러 모양으로 우리 조상들에게 말씀하신 하나님이 이 모든 날 마지막에 아들로 우리에게 말씀하셨으니 이 아들은 만유의 후사로 세우시고 또 저로 말미암아 모든 세계를 지으셨느니라." 히브리서 1:1-2

구약의 선지자들은 오실 예수님에 대해서 예언하였지만 신약의 선지자들은 그의 몸의 지체로서 예수 안에서 예언한다. 신약의 예언은 교회에 주어진 나머지 은사와 사역에서 분명히 드러난 성자 하나님과 그분의 본성과 명령의 완전한 계시와 조화를 이루어야 한다.

왜 우리는 예언사역을 강조해야 하는가?

지금 우리는 예언 사역이 강조될 시기에 살고 있으며, 당분간은 그렇게 해야할 필요가 있다. 예언 사역이 교회 안에서 그리스도의 가장 핵심적인 사역으로써 완전하게 회복되어야 한다. 예언 사역이 올바로 회복되면 다른 사역들을 더 확장시키고 더 완전하게 회복시킬 것이다. 예수를 온전히 증거하기 위해서는 모든 사역들이 있어야 하며, 또한 사역들의 본래의 목적과 기능을 온전히 이루기 위해서도 모든 사역들이 요구된다.

현재 예언사역의 회복 속에서 일어나는 것들을 거부하거나 기피하려고 하는 어떤 사역도 지금 이 시간에 그 사역의 소명과 목적을 정확히 이루지는 못할 것이다. 그 밖의 그리스도의 지체들과의 연합을 거부하거나 기피하는 예언자들은 그들의 은사나 교리의 정확성에 상관없이 진정한 신약의 예언자가 아니다. 오늘날 하나님 아버지는 "그의 아들"을 통해서 말씀하신다(히브리서 1:2). 머리이신 주님과 진정으로 연합하지 않고, 흔히 말하는 대로 그저 교회에 가입 할 수도 있다. 그러나 어느 누구도 그의 몸인 교회와 연합하지 않고는 머리이신 주님과 연합할 수 없다.

## 제2부 예언사역

"네가 주 너의 하나님의 음성을 열심히 듣고 내가 오늘 네게 명령하는 그분의 모든 명령들을 지켜 행하면 주 너의 하나님께서 너를 땅의 모든 민족들보다 높게 세우시리라."

신명기 28:1

## 왜 오늘날에도 선지자가 필요한가?

오늘날에도 선지자가 필요한가? 하나님의 모든 뜻이 담겨 있는 성경이 있지 않은가? 성경은 온전하고 충분하고 오류가 없는 하나님의 말씀이며 기독교리의 유일한 기초이다. 그러나 성경책은 하나님의 뜻 전부를 기록하기 위해서 만들어진 것은 아니다. 그렇다면 우리는 성령이 필요치 않았을 것이다.

만약 성경의 영적인 은사들과 예언사역이 이제 더 이상 소용이 없다고 한다면, 다른 사역들 역시 불필요하다고 해야 할 것이다. 목사나 교사나 예언자 같은 성경적인 사역들은 기록된 말씀과는 다르게 기능하며 영적인 은사도 마찬가지이다. 우리가 온전하게 세우심을 받기 위해서는 모든 것이 필요하다. 성령의 은사가 성경을 대신할 수 없으며, 또한 성경이 영적인 은사를 대신 할 수 도 없다. 기록된 말씀과 예언 은사의 관계는 이전과 변함이 없다. 모세는 이스라엘 민족에게 율법을 모두 낭독한 후, 중요한 권면을 했다.

*"네가 주 너의 하나님의 음성을 열심히 듣고 내가 오늘 네게 명령하는 그분의 모든 명령들을 지켜 행하면 주 너의 하나님께서 너를 땅의 모든 민족들보다 높게 세우시리라."* 신명기 28:1

율법아래에서 주님과의 관계나 사람들 사이의 관계에 관한 세밀한 사항이 지시되어 있는 것처럼 보일 때에도 그들은 주님의 음성을 순종하도록 권면을 받았다. 이스라엘이 하나님과 올바른 관계를 갖기 위해서는 그의 말씀과 음성 모두를 순종해야 했다. 마찬가지로 여호수아가 기브온 민족과의 일에서 실수를 범한 것도 율법을 알지 못해서가 아니라 그 일에 관한 하나님의 특별한 계시를 구하지 않았기 때문이다(여호수아 9장). 그러한 일은 율법이 미치지 못하는 범위였다. 여호수아는 주님으로부터 직접 음성을 들어야 했다. 같은 원리가 초대 교회에서도 분명히 입증 되었으며, 여전히 오늘날 교회에도 반드시 필요하다.

기록된 말씀이 우리의 일상 생활에 관한 내용을 모두 포함했다면 어떻게 되었을까? 분량에 있어서도 현실적이지 못할 뿐 아니라, 진정한 기독교의 본질인 주님 자신과의 개인적인 관계를 이루어 갈 자리도 없었을 것이다. 요한 복음 16장 7절에서 예수님께서 제자들에게 말씀하셨다. "그러하나 내가 너희에게 실상을 말하노니 내가 떠나가는 것이 너희에게 유익이라 내가 떠나가지 아니하면 보혜사가 너희에게로 오시지 아니할 것이요 가면 내가 그를 너희에게로 보내리니". 주님께서는 그들에게 책을 주시기 때문에 그가 떠나시는 것이 좋다고 말씀하시지 않으셨다.

　주님께서는 또 그의 양은 그의 음성을 알 것이라고 말씀하셨다(요한복음 10:4). 그는 그의 양이 그의 책을 알 것이라고 하지 않으셨다. 죄를 깨닫게 하시며 예수를 증거하며 우리를 진리로 이끄시는 분은 바로 성령님이시다. 성령님이 계시지 않을 때, 의문은 죽이는 것이다 (고린도후서 3:6). 하지만 성령님이 계실 때, 성경은 우리가 가지고 있는 가장 강력한 도구 중의 하나이다. 올바른 교리를 보존하는 것은 매우 중요하다. 마태복음 22:29 에서 예수님께서 이렇게 말씀하셨다. "예수께서 대답하여 가라사대 너희가 성경도, 하나님의 능력도 알지 못하는 고로 오해 하였도다." 우리가 하나님의 기록된 말씀과 그의 능력을 모두 알지 못한다면 실수를 범하게 될 것이다. 우리는 두 가지 다 필요하기 때문에 그것을 모두 받은 것이다. 말씀이 성육하신 분이 예수님이시다. 따라서 그를 사랑하는 자는 그 기록된 말씀을 사랑하지 않을 수 없고 그것을 소중하게 여기지 않을 수 없다. 우리는 주님이 말씀하실 때 그 분의 음성을 들을 수 있어야 하지만, 모든 일에 있어서 그분의 음성을 듣기를 바라는 극단으로 나가서는 안 된다. 우리가 바라는 인도의 대부분은 이미 그의 기록된 말씀에 포함되어 있다.

## 우리가 온전해 질 때까지

　바울은 에베소 교회에 다음과 같이 편지했다:

*"그가 혹은 사도로, 혹은 선지자로, 혹은 복음 전하는 자로, 혹은 목사와 교사로 주셨으니 이는 성도를 온전케 하며 봉사의 일을 하게 하며 그리스도의 몸을 세우려 하심이라 우리가 다 하나님의 아들을 믿는 것과 아는 일에 하나가 되어 온전한 사람을 이루어 그리스도의 장성한 분량이 충만한 데까지 이르리니."* 에베소서 4:11-13

우리가 성경을 믿는다면, 주님께서 예언자를 교회의 사역에 있어서 중요한 부분으로 주셨다는 사실은 의심의 여지가 없다. 그러나 많은 사람들이 궁금해 하는 것은 예언이 초대 교회에만 해당되는 사역인가 아니면 현재 사역에도 의미를 가지는가 하는 것이다. 본문에서 거론된 다른 사역과 마찬가지로 예언사역은 교회가 "그리스도의 장성한 분량이 충만한 데에" 이를 때까지 주어진 것이다.

우리가 이 사역이 더 이상 존재하지 않는다고 말하는 것은 교회가 온전하게 성숙하여 그리스도의 장성한 분량에까지 이르렀다는 것을 뜻한다. 누구도 그런 주장을 할 수는 없을 것이므로, 우리가 하나님이 우리에게 바라시는 분량의 성숙함에 이르기 위해서 예언사역은 여전히 요구되어 진다고 결론 지을 수 있다. 따라서 우리는 성경에 근거하여 하나님께서 정하신 은사와 사역을 거부하는 것이 교회를 자라나지 못하게 하고 혼란하게 하는 근본적인 원인이라고 담대하게 말할 수 있다.

우리가 "선지자의 상", 즉 예언 사역의 혜택을 받으려면 선지자를 선지자의 이름으로 영접해야 한다(마태복음 10:41). 우리가 선지자를 단지 교사로서 영접한다면, 우리는 가르침만을 받게 될 것이다. 선지자의 이름으로 선지자를 영접한다면 우리는 모든 분야에 있어서 그리스도에게까지 자라가는 데에 있어서 반드시 있어야할 예언 사역의 상을 얻게 될 것이다.

이러한 원리는 교회에 주어진 다른 은사와 사역에도 적용된다. 우리가 목사를 그 직분에 합당한 권위로 인정하지 않고, 그들은 단지 행정적인 업무를 담당하는 사람 정도로 여긴다면 우리들은 목사의 상을 얻지 못할 것이다. 우리가 사도직을 단지 선생으로 받아들인다면, 우리는 사도 사역의 혜택은 충분히 누리지 못하고 가르침만 얻게 될 것이다.

### 선지자 예수

우리가 그리스도의 온전함을 우리 가운데 받아들이려면, 어떤 사역이든지 그 사역의 이름으로 그것을 인정하는 것이 매우 중요하다. 각각의 사역들은 주 예수 그리스도께서 자신을 그의 교회에 나타내고 교회를 부르심에 합당하게 세우기 위한 통로이다. 우리들은 사람들이 단지 성경을 정확하고 감동있게 해석한다고 해서 그들을 교사라고 해서는 안 된다. 우리는 오직 그들 안에서 우리의 선생이신 예수를 볼 때만이 그들을 교사로 인정해야 한다.

우리들은 신학교를 나왔다거나 사람들을 이끌고 돌보는 능력이 있다고 해서 목사라고 인정해서는 안 된다. 우리는 그 안에서 우리의 목자이신 예수 그리스도를 보았을 때만이 그들을 목사로 인정해야 한다.

주님께서 예루살렘을 바라보며 통곡하시면서 이렇게 외치셨다. "내가 너희에게 이르노니 이제부터 너희는 찬송하리로다 주의 이름으로 오시는 이여 할 때까지 나를 보지 못하리라 하시니라"(마태복음 23:39). 우리가 만일 주님이 보내신 자들 안에서 주님을 보지 못한다면, 우리는 결코 그분을 볼 수 없을 것이다. 주님이 보내신 선생을 우리가 거부한다면, 우리는 선생이신 주님을 거부하는 것이다. 우리가 주님이 보내신 선지자를 거부한다면, 우리는 곧 주님의 예언을 거부하는 것이다. 주님께서는 이렇게 말씀하셨다.

> *"내가 진실로 너희에게 이르노니 너희가 여기 내 형제 중에 지극히 작은 자 하나에게 한 것이 곧 내게 한 것이니라."* 마태복음 25:40

우리가 주님이 세우신 사역중 하나라도 거부할 때, 우리는 주님의 전부를 거부하는 것이다. 정말 문제가 되는 것은 오늘날에도 예언이 있는가 하는 것이 아니라 우리가 예언을 받는 데에 열려 있는가 하는 것이다.

> *"자기 양을 다 내어놓은 후에 앞서 가면 양들이 그의 음성을 아는 고로 따라오되 타인의 음성은 알지 못하는 고로 타인을 따르지 아니하고 도리어 도망하느니라."* 요한복음 10:4-5

예언사역에 있어서 핵심은 주님의 음성을 알아듣고, 양이 목자의 음성을 따를 수 있도록 교회가 그 분의 음성을 듣도록 세워가는 것이다.

## "다른 모양"으로 오시는 주님

예수님이 부활하신 후 그의 가장 가까웠던 제자들마저 주님을 알아보지 못했는데, 이는 예수께서 다른 모양으로 저희에게 나타나셨기 때문이다 (마가복음 16:12). 주님은 제자들이 더 이상 그의 육신의 모습에 의지하여 그를 알아보는 것을 막기 위해서 의도적으로 그렇게 하셨다. 우리는 주님께서 우리에게 가깝게 다가오실 때 그가 "다른 모양"으로 오시기 때문에 그분을 발견하지 못할 때가 얼마나 많은가? 우리가 예수님을 영접하려면, 우리는 겉모양에 의지해서 그를 알아보려고 해서는 안 된다. 우리는 외형이 아닌 성령으로 그 분을 알아야 한다. 우리는 그 분의 음성을 알아야 하는 것이다.

마지막 시대의 교회에서 가장 주요한 사안 중 하나는 주님이 문을 두드리는 소리를 듣고 그의 음성을 듣는 것이다. 그 분은 사도들과 선지자들과 함께 우리에게 오시지만 그들은 모두 다른 모양이라는 것을 알아야 한다. 성경에 있어서 모든 선지자들은 각기 서로 달랐다. 사도들도 모두 서로 매우 달랐으며, 그들의 사역 또한 그러했다.

주님께서 눈송이들을 다 각기 다르게 만드신 것처럼, 그는 분명 다양성을 기뻐하신다. 조물주는 최고로 창조적인 분이시라는 것을 그의 모든 창조물들이 드러내고 있다. 그것이 사실이라면, 왜 교회는 그렇게 따분할 정도로 일률적이어야 하는가? 교회만큼 창조성을 억제하는 곳도 없다. 이것은 우리가 진정한 성령과 주님의 성품에서 얼마나 멀리 떨어져 있는지를 나타낸다.

성경에서 물은 말씀을 상징하는 경우가 많다(에베소서 5:26을 보라).

성경에서 은유가 사용되는 이유는 그것이 묘사하는 것과 그것이 가지고 있는 특징들이 일치하기 때문이다. 물과 마찬가지로 살아 있는 말씀은 그 순결함을 유지하기 위해서는 계속해서 흘러야 한다. 그런 이유로 주님은 계속해서 우리에게 다른 모양으로 오신다. 우리가 주님을 모양이 아닌 성령으로 인식한다면, 우리는 주님을 계속해서 새롭게 느낄 것이다. 이러한 시각을 갖게 되면 우리는 영성 운동들이 한 형태로 고착되어 흐름을 멈추었던 비극적인 역사의 패턴에서부터 자유로울 수 있을 것이다.

예수님께서는 "티나 주름잡힌 것"이 없는 신부를 보기 위해서 다시 오실 것이다. 티가 없다는 것은 순결함을 말하고 주름이 없다는 것은 젊음을 유지하는 것을 말한다. 교회는 주님께서 교회와의 관계를 항상 새롭고 흥미롭게 하시기 때문에 그것이 가능하다. 주님은 아침마다 새로우신 분이시다.

주님께서 우리에게 익숙지 않은 다른 모양으로 오실 때, 그것은 우리의 영으로 새롭게 한다. 그것이 고착되고 변화하지 않으려고 하는 우리의 성향, 즉 새 포도주를 담을 수 없는 헌 부대와 같은 태도를 바로잡아 준다(누가복음 5:37을 보라). 선지자들은 종종 전체 교회와 동떨어진 것처럼 보일 때가 있는데, 그렇기 때문에 그들은 교회가 계속해서 성령님께 열려 있도록 돕는 중요한 통로로 섬길 수 있다.

자연인은 성령의 것을 받아들일 수 없다(고린도전서 2:14을 보라). 어떤 내 친구가 말한대로, "때로 주님께서는 마음을 드러내기 위해서 정신을 상하게 하신다." 다시스의 사울은 자연적인 이성으로 살아가기 위해 애썼던 종교적인 사람의 훌륭한 성경적인 실례이다. 사울의 자연적인 눈이 멀어지므로 성령 안에서 눈을 뜨게 되었다. 이러한 일들이 사도 바울처럼 급작스럽고 극적으로 일어나지는 않을지라도, 우리 모두가 그러한 과정을 거쳐야 한다.

## 예언사역의 궁극적인 목적

주님의 신약 예언 사역의 궁극적인 목적은 단지 교회에 예언을 하는 것이 전부가 아니라 교회를 "우리 모두가 예언할 수 있는" 곳으로 만드는 것이다(고린도전서 4:31). 선지자는 세우는 은사 사역과 마찬가지로 그 사역을 행하기 위해서만 주어진 것이 아니라 성도로 "봉사의 일"을 하게 하기 위해서 주어진 것이다(에베소서 4:12).

신약에서 선지자의 주요한 기능은 교회가 선지자이신 예수님의 사역에 문을 열도록 해서 그 분이 그의 백성 가운데 자유롭게 교통하시도록 하는 것이다. 모든 이가 선지자로 부르심을 받은 것은 아니지만 교회 전체가 하나님의 대변인으로 그리스도의 사역을 나타내며 세상에 선지자로 부르심을 받은 것이다.

이스라엘 백성들이 무교절을 지키는 것에 대한 이야기를 들었을 때, 하나님께서는 그들이 양의 전부를 먹고 하나도 남기지 말아야 한다고 말씀하셨다(출애굽기 12:9-10). 우리가 예수님을 받아들이기 위해서는 그 분의 전부를 받아 들여야 한다. 바울은 고린도 교인에게 이렇게 명령했다.

> *"그리스도의 증거가 너희 중에 견고케 되어 너희가 모든 은사에 부족함이 없이 우리 주 예수 그리스도의 나타나심을 기다림이 라."* 고린도전서 1:6-7

그리스도의 진정한 증거가 교회에 안에서 확증되기 위해서는 그 분이 원하시는 대로 자유롭게 움직이실 수 있어야 한다. 이것이 바로 예수님께서 자신이 머리가 되는 곳을 그의 머리 둘 곳으로 삼으셨다는 의미심장한 증거가 되는 것이다. 사역은 우리가 기대한 것과는 다른 형태로 진행되는 경우가 많다는 사실을 이해해야 한다. 지혜로운 자를 부끄럽게 하시려고 세상의 어리석은 자들은 택하신다(고린도전서 1:27).

하나님께서는 바리새인 중의 바리새인인 바울을 은혜의 사도로 택하셨다. 그리고 열두 제자 중 가장 침착하지 못한 베드로를 "페트라" 즉 반석이 되게 하셨다. 우리가 하나님의 은혜의 역사를 받아들인다면, 그는 가장 가망이 없을 법한 사람들을 통해서 능력있는 사도와 선지자들을 세우실 것이다. 또한 우리에게 하나님의 쓰시는 그릇처럼 보이는 유망한 사역자들 중 어떤 이들은 거짓으로 판명될 것이다.

## 오직 그분에게만 문을 열라

마지막 시대의 교회에게 주어진 최대의 시험 중의 하나는 주님이 문을 두드리시는 것과 그 분의 음성을 듣고 우리의 마음의 문을 그에게 열어드리는 것이 될 것이다. 그러나 이 시험 또한 그 분의 문소리와 음성을 알아들어야 한다. 예언자라고 자칭하는 자들은 모두 들이는 것은 어리석은 일이다. 하나님의 양무리를 맡고 있는 자들도 자신의 양무리가 훈련 중에 있는 선지자들의 연습 목표물이 되도록 해서도 안 된다.

오류가 없는 사람은 없다. 그러므로 가장 성숙한 선지자로부터 나온 말이라고 할 지라도 판단을 받아야 한다(고린도전서 14:29). 예언과 그 예언을 한 예언자를 올바르게 판단하는 일이 성령을 소멸시키는 것은 아니다(데살로니가전서 5:20-21).

거짓 선지자와 예언은 이 장의 뒷부분에서 좀 더 다룰 것이다. 여기에서는 회중 가운데서 선지자와 다른 사역들이 사람들을 계속해서 혼란에 빠뜨리거나 상처를 주지 않고 성숙하게 할 수 있는 질서있고 안정된 방법을 세우는 것에 대해서 좀 더 이야기를 하려고 한다.

우리가 예언 사역이 주님의 교회에 주신 사역의 핵심적인 부분이라는 것을 이해했다면, 이제는 그분이 세우신 교회를 세우는 다른 사역과 어떻게 조화를 이루어야 하는지를 이해하기 위해서 노력해야 한다. 다양성이 표현될 수 있는 자유도 있어야 겠지만 하나님의 다양성에는 또한 조화가 있다.

주님께서는 "추수 때는 세상 끝이요(마태복음 13:39)"라고 말씀하셨다. 이 추수는 뿌려진 모든 것, 즉 선한 것과 악한 것 모두를 거두어들이는 것이다. "거짓 선지자가 많이 일어나 많은 사람을 미혹하게 하겠으며"(마태복음 24:11). 이것은 쭉정이가 알곡과 섞일 것이라는 또 다른 경고이다. 쭉정이는 알곡 바로 옆에서 함께 자랄 것이다. 거짓 된 것으로부터 우리를 가장 잘 보호해 줄 수 있는 것은 참인 것이 무엇인지 아는 것이다. 우리가 참인 것을 모른다면, 점점 더 거짓에 지배를 받게 될 것이다.

밭에 아무 것도 뿌리지 않았는데 밀이 저절로 자라게 될까? 물론 그렇지 않다. 밭은 가라지와 잡초로 뒤덮이게 될 것이다. 교회도 그와 같다. 우리가 주님께서 예언 사역이라는 알곡을 심으시도록 내어드린다면 거기에는 가라지도 섞여 날 것이다. 그렇지만 그분이 알곡을 심지 못하게 한다면 잡초만 무성하게 될 것이다.

시대에 알맞게 대처하기 위해서는 문제에 즉각적으로 반응하는 것에서 벗어나 주님께서 우리의 성숙을 위해서 모든 것들을 허락하셨다는 사실을 깨달아야 한다. 가장 위대한 지도자 이신 예수님께서는 유다의 악함을 아시면서도 그를 택하셔서 중요한 지도자로 세우셨다. 주님보다 더 나을 수 있다고 생각하는 것은 지나친 교만이다.

## 영적 분별

가라지에 대처하는 것을 배워나가는 것은 하나님 나라의 한 과정 중의 일부이다. 우리가 거짓 선지자나 배도자를 다루게 될 때마다, 우리의 진정한 분별력이 놀랍게 증가하게 될 것이다. 경기를 중단하기로 결정함으로써 우리의 귀중한 시련을 낭비해서는 안되며, 그것을 통해서 진정한 것을 찾겠다는 우리의 결심을 더 굳게 해야 한다. 우리가 포기하지 않는다면 마지막 승리는 보장되어 있다.

많은 사람들이 교회와 운동에서 거짓 선지자 혹은 미성숙한 사역자들의 실수로부터 상처를 받아서 예언 사역을 자체를 거부해 왔다. 또한 예언사역에 부르심을 입은 많은 사람들이 자신들의 실수로 인해서 소명을 거부했다. 그러나 성경은 하나님께서 세우시는 위대한 지도자들은 반드시 치명적인 실수를 한다는 것을 분명히 보여주고 있다. 가장 위대한 지도자들 중의 어떤 이들은 가장 중대한 실수를 범했지만 그들은 그것 때문에 멈추지 않았다.

우리가 포기하지 않는다면 결국 우리는 성공을 거둘 것이다. 실수 때문에 멈추는 사람들은 하나님을 믿는 믿음으로 행하는 자들이 아니라 자신에 대한 믿음으로 행하는 자들이다. 우리의 실수는 우리 자신에 대한 자신감을 손상 시키겠지만, 하나님에 대한 우리의 믿음은 손상시키지 못할 것이다.

하나님을 신뢰하는 진정한 믿음은 육체를 자랑하지 아니한다(빌립보서 3:3). 이러한 이유 때문에 하나님께서는 믿음의 아비인 아브라함을 너무 늙어서 하나님의 길을 감당하지 못할 때까지 그를 부르시지 않으신 것이다(하나님께서는 그러고도 약속이 성취되기까지 몇 년을 더 기다리게 하셨다). 하나님의 진정한 약속된 씨앗을 받기 위해서는 그것이 불가능하다고 생각할 정도까지 갈 각오가 우리에게 되어 있어야 한다. 즉 하나님께 모든 것을 맡기는 것이야말로 진정한 믿음의 본질인 것이다.

이 책에서 우리는 계속해서 거짓 선지자와 참 선지자에 대해서 살펴볼 것이다. 우리는 거치는 돌과 디딤돌에 대해서 살펴볼 것이다. 우리가 이 두 가지 모두를 구별하는 것이 중요하다. 우리는 또한 우리 자신의 실수와 같이 그 동안 우리에게 거치는 돌이 되었던 것들 중 많은 부분이 본래 디딤돌 이었음을 깨달아야 한다.

수 년을 지내오면서 나는 예언 사역에 가장 큰 일을 해왔던 사람들 중의 상당한 수가 바로 이전에 가장 곤란한 실수를 범했던 사람들이었음을 알게 되었다. 그들은 대개 중대한 실수를 범한 직후에 진보를 보였다. 사실 그들의 공통점은 실수를 하고서도 그것 때문에 멈추지 않았다는 것이다. 실수를 인정하므로 자신들을 낮추며 계속 나아갔다. 그러면서 자신들을 덜 신뢰하고 오히려 주님을 더욱 신뢰하기로 그들의 결심을 굳혔다.

이것이야말로 솔로몬의 아가서가 주는 위대한 교훈이 아닌가? 사랑의 여정이 끝났을 때, 신부가 "그녀의 사랑하는 자에 의지하여(아가서 8:5)" 들로부터 돌아온다. 우리의 여정이 끝났을 때에 우리도 그렇게 될 것이다. 바로 그 분을 위해서 우리는 멈추어서는 안 된다.

## 진정한 영적 권위의 근원

앞서 우리는 교회가 예언사역을 받아들이는 것이 왜 중요한가를 설명했다. 본 장에서는 선지자가 교회와 올바른 관계를 갖는 것이 왜 중요한가를 말하려고 한다. 또한 이 어려운 사역에 부르심을 받은 이들이 흔히 범하는 실수에 대해서도 살펴볼 것이다.

## 갈등과 거부

예언사역은 오해와 거부를 불러일으키는 내재적인 요소를 가지고 있다. 그 요소란 것은 이러한 부르심에 공통적으로 동반되는 초자연적이며 때로는 기이한 경험들을 말한다. 예언사역을 효과적으로 감당하기 위해서는 기이하고 특이한 경험을 편안하게 받아들일 수 있어야 한다. 그러한 경험이란 천사를 만나는 것, 입신, 성령에 의해서 다른 곳으로 이동되는 것, 천상의 세계에 들어가는 것 등을 말한다.

이런 모든 경험들은 예언 사역에 있어서 성경적으로는 정상적인 것으로 여겨지는 것들이다. 하지만 그런 경험이 없는 사람들에게는 이해하기가 매우 힘들다. 이것 때문에 지금 일어나기 시작한 예언사역을 의심하고 거부하기도 한다.

비슷하지만 악마적인 경험들을 표방했던 뉴 에이지나 다른 사교들의 등장으로 인한 두려움들도 납득할 만 한 것이다. 하지만 앞서 말했듯이 진짜 지폐가 없었다면 위조 지폐도 없었을 것이다. 또한 진짜 예언자가 없었다면 또한 가짜 예언자도 없었을 것이다. 초자연적인 경험의 영역에서 악마적인 활동이 그렇게 증가한 한 가지 이유는 교회를 혼란시켜 하나님이 교회에 회복시키실 참 은사와 경험을 거부하게 하려는 것이다. 사탄은 이 마지막 시대에 예언사역이 하나님의 목적을 이루는 데에 필수적이라는 사실을 알고 있으며, 그래서 흙탕물을 일으키기 위해 모든 수단을 동원할 것이다. 이 혼란을 극복하는 최고의 방법은 순전한 수원을 찾는 것이다.

우리는 거대한 힘의 대결 시대를 맞게 되었다. 이단 종교들과 뉴 에이지 운동의 세력이 급격히 증가하고 있다. 그러나 하나님께서는 그의 백성들이 악한 세력의 맹공격을 힘없이 당하고 있도록 내버려두지 않으셨다. "여호와께서 그 기운에 몰려 급히 흐르는 하수같이 오실 것임이로다"(이사야 59:19). 이단 종교들의 힘이 커질 때, 교회에 주어진 힘은 더 커질 것이다. 이단 종교들은 교회에 대해 조직적인 공격을 감행하기 위해 기독교의 지도자들에 대한 초자연적인 계시들을 받기 시작했다. 그러나 주님께서는 교회가 원수들을 기습적으로 공격하여 그들을 자신들이 쳐놓은 덫에 빠지게 하기 위해서 교회가 원수의 계략을 식별할 수 있도록 예언자들을 세우시기 시작하셨다.

종말이 가까워 올 수록 빛과 어두움의 대결은 초자연적이 되어 갈 것이다. 초자연적인 것에 대해서 중립적인 입장을 취할 수 있던 시대는 갔다. 성령의 진정한 능력을 알지 못한다면 점점 더 악한 영의 세력에 의해 지배를 받게 될 것이다. 두려움이나 교리 때문에 주님의 초자연적인 능력마저 회피하려고 했던 사람들은 자신과 자신의 자녀들이 악한 초자연적인 능력의 손쉬운 사냥감이 되는 것을 발견하게 될 것이다.

인간은 영이신 하나님과 교제하도록 창조되었다. 하나님을 예배하는 자는 오직 영과 진리로 그를 예배할 수 있다. 우리는 영적인 교제와 예배를 하도록 창조되었기 때문에 우리를 영적인 것과 초자연적으로 이끄는데는 공허감이 있다. 이 공허감이 주님을 영과 진리로 예배하도록 인도하시는 진리의 영에 의해 채워지지 않는다면 거짓의 영에 속게 될 것이다. "사람에게 음식을 주지 않으면 그는 독을 삼킬 것이다."라고 씨 에스 루이스는 이야기했다. 사람들이 올바른 하나님과의 초자연적인 관계를 갖지 못하게 한다면 악한 초자연적인 능력의 억압과 유혹에 지배를 받게 될 것이다.

버림받는 것이야말로 우리가 주님을 얼마나 닮았는지를 시험하는 시금석이다. 하나님께서 우리가 사람에게 버림받는 것을 허락하신 것은 우리를 우리 자신의 악한 동기를 드러내어 그로부터 벗어나도록 하시기 위해서이다. 사람들이 우리를 배척할 때 버림을 받았다고 느낀다면 그것은 바로 우리가 아직 이 세상에 죽지 않았음을 의미하는 것이다. 죽은 사람이 버림을 받았다고 느낀다는 것은 불가능한 일이다. 예수님께서는 그의 가장 친한 친구들이 바로 그 다음날 그를 배반하고 부인하며 도움이 필요할 때 도망갈 것이라는 것을 알면서도 진정으로 그들과 마지막 식사를 하시길 원하셨다. 그는 그들에 대한 자신의 사랑을 표현하기 위해 애를 쓰시며 그들의 발을 씻기셨다. 우리 중의 누가 이렇게 자신을 완전히 버릴 수 있을까?

버림을 받는 것은 진정한 사역에 있어서 피할 수 없는 동반자이며, 예수님의 사랑을 실천할 수 있는 가장 좋은 기회를 제공한다. 감정이 상하지 않고 버림받는 것을 감당할 수 있다면 그것은 그리스도를 닮은 영적인 성숙도를 가장 잘 나타내 주는 것이다.

## 사랑의 동기

성숙한 선지자는 영들을 분별할 수 있으나 성숙치 못한 선지자들은 종종 그들에게 속는다. 진정한 선지자라고 불렸던 많은 사람들이 원수들의 꾀임에 빠져 타락하고 말았는데, 이는 그들이 다른 그리스도의 지체들의 보호와 엄호를 거부했기 때문이다. 이들이 교회와 올바른 관계를 거부하는 것은 선지자들이 과거에 교회로부터 오해와 버림을 받았던 아픈 상처 때문이다. 주님께서 그러한 오해들을 허락하시는 것은 버림받는 것과 권위들에 대해 올바르게 대처하는 것을 배우는 것이 초자연적인 계시를 받는 놀라운 능력과 책임감을 감당하게 될 사람에게 있어서 필수적인 것이기 때문이다.

예언사역은 영 분별을 통해서 이루어져야 한다. 영적인 계시의 근원이 무엇인지를 분별하는 일은 매우 중요하다. 그러나 오늘날 "분별"이라고 불리는 것들의 대부분은 실제로는 의심하는 것에 불과하다. 대체로 그런 분별은 그리스도의 사랑에 기초한다기보다는 자기 보존이나 보복에 기초한다. 진정한 영 분별이란 바울이 고린도전서 13:4 - 7에서 말한 사랑에 근거해야 한다:

> "사랑은 오래 참고 사랑은 온유하며 투기하는 자가 되지 아니하며 사랑은 자랑 하지 아니하며 교만하지 아니하며 무례히 행치 아니하며 자기의 유익을 구치 아니하며 성내지 아니하며 악한 것을 생각지 아니하며 불의를 기뻐하지 아니하며 진리와 함께 기뻐하고 모든 것을 참으며 모든 것을 믿으며 모든 것을 바라며 모든것을 견디느니라."

사랑이 아닌 다른 동기는 우리의 분별을 왜곡 시킬 것이다. 그런 이유로 바울은 빌립보 교회의 사랑이 "지식과 모든 총명으로 점점 더 풍성하게"(빌립보서 1:9) 되기를 기도했다. 사랑과 진정한 분별은 나뉘어질 수 없다.

하나님은 사랑이시다(요한일서 4:8). 따라서 우리가 하나님의 말씀을 전하고자 한다면 또한 그의 사랑에 거해야 한다. 그의 사랑은 때로는 엄하며 징계를 동반하기도 한다. 하지만 여전히 그것은 사랑이다. 하나님의 심판마저도 그의 사랑의 표현이다. 하나님이 그것을 품을 수 있는 그분의 사랑을 우리에게 부어주신 영역 안에서만 우리의 진정한 영권을 행사할 수 있다. 우리가 그의 사랑에 근거해서 사역할 때에만 우리는 정확한 분별을 할 수 있다.

"하나님의 은사와 부르심에는 후회하심이 없느니라"라고 로마서 11:29은 말씀한다. 하나님은 우리가 신실하지 못할 때에도 신실하시다. 하나님께서는 은사를 주시면 그가 신실치 못하거나 그것을 오용할 때에라도 그것을 거두시지 않으신다. 이런 이유로 신유와 이적의 은사를 가지고 있는 자들이 죄악이나 타락에 빠져서도 그 은사가 여전히 역사하게 된다.

예언의 은사나 지혜의 말씀의 은사나 지식의 말씀의 은사의 경우도 마찬가지이다. 하나님께서 은사를 주시면 우리가 타락할지라도 그것을 거두시지 않으신다. 그렇기 때문에 우리는 성령의 은사가 강하게 나타나는 사실만으로 사역을 판단하기 보다는 그 열매로 판단 해야 한다. 능력과 예언의 은사를 행하지만 그들이 버림을 받고 반항심을 품게되면 하나님의 은사를 오히려 하나님의 역사를 나누고 방해하는 데에 사용하게 된다. 이러한 역학 관계는 이해하긴 힘들지만 하나님의 신실하심에 기인하는 것이다.

## 치유받지 못한 영적인 상처

구약 시대에 제사장은 흠이나 아물지 않은 상처가 있으면 사역을 하지 못했다(레위기 21:20을 보라). 어떤 이가 흠이 있으면 다른 이들은 그를 만질 수 없었다. 똑같은 원리가 우리에게도 적용된다. 우리에게 치유 받지 못한 영적인 상처가 있을 때, 다른 사람들이 우리에게 접근할 수 없을 뿐 더러 우리도 진정한 제사장의 사역을 할 수 없다. 우리 중 대부분은 거절감이나 증오, 혹은 다른 치유 받지 못한 상처등이 동기가 되어 설교나 예언을 한다거나 사역을 함으로 그들의 사역이 타락하게 되는 것을 보아왔다.

"경계의 목적은 청결한 마음과 선한 양심과 거짓이 없는 믿음으로 나는 사랑이거늘"(디모데전서 1:5)이라고 바울은 디모데에게 설명했다. 바울은 또 고린도 교인들에게 신령한 것을 사모하라고 권면했다(고린도전서 14:1). 그러나 그는 은사를 목적으로 삼으라고 권면하지는 않았다. 우리는 성령의 은사와 권능이 필요하다. 사실 우리는 지금보다 훨씬 더 큰 권능이 필요하다. 그러나 우리가 권능이 필요한 이유는 상처 입은 사람들을 돌보기 위해서이지 우리의 사역을 내세우거나 대규모의 집회를 열기 위함이 아니다. 우리가 우리의 목적 즉 순수한 마음과 선한 양심과 신실한 믿음에서 우러난 사랑을 잃어버릴 때, 우리는 길을 잃게 된다. 모든 성령의 은사는 믿음에 의해 이루어지며 믿음은 사랑을 통해 역사한다(갈라디아서 5:6을 보라).

진정한 믿음이란 하나님께서 어떤 일을 이루실 수 있다는 것을 확신하는 것이 아니라 그분께서 우리를 사랑하시기 때문에 그 일을 하시기 원한다는 사실을 아는 것이다. 두려움은 믿음의 반대되는 것이지만, 우리가 하나님의 사랑으로 충만할 때 그것은 극복될 수 있다 "사랑 안에 두려움이 없고 온전한 사랑이 두려움을 내어쫓나니"(요한일서 4:18).

사랑은 하나님이 우리 가운데 오시는데 방해가 되는 모든 것들을 쫓아낸다. 사랑은 영권과 성령의 은사들이 활동하는데 기반이 된다. 이 기초를 세우지 않고 은사를 구하는 것은 헛수고이다. 기초가 튼튼하면 튼튼할 수록 하나님께서는 우리에게 더 큰 능력을 주실 수 있다.

이러한 사실을 깨닫고, 자신들은 "은사를 구하는 것이 아니라 하나님을 구한다고" 말하기를 즐겨하는 이들이 있다. 이것은 지나친 과민 반응 일 뿐만 아니라 "사랑을 따라 구하라 신령한 것을 사모하라"(고린도전서 14:1) 라는 성경말씀에도 어긋난다. 바울은 본문에서 사랑과 은사를 구하는 것은 서로 배타적인 것이 아니라고 말하고 있다. 우리는 사랑과 성령의 열매를 먼저 추구해야 한다. 그러나 그렇다고 해서 은사를 추구하지 말라는 말은 아니다.

우리는 두 가지 모두를 구해야 한다. 우리가 하나님의 진정한 사랑을 가지고 있다면 우리는 우리의 사랑을 가지고 무언가를 할 수 있는 영적인 은사를 "사모"하게 될 것이다.

## 진정한 성숙

예언 사역에 부르심을 받은 이들은 대개 많은 거부와 오해를 견뎌내고 그것을 극복하는 법을 배우게 된다. 우리가 하나님의 뜻을 이루기 위해서는 "그리스도의 사랑이 우리를 강권하시는"(고린도후서 5:14) 성숙의 단계에까지 이르러야 한다. 사랑은 남이 나에게 저지른 잘못을 품고있지 않으며 버림받은 것 때문에 보복하거나 자신을 증명하려고 하지 않는다.

사랑에서 나오지 않은 영적인 은사는 "소리나는 구리와 울리는 꽹과리"(고린도 전서 13:1)일 뿐이다. 사랑에 근거하지 않은 성령의 은사는 대개 시끄럽다. 그런 은사들은 자기를 선전하기 위해서 과장된 포장을 하고 팡파르를 분다. 소리나는 구리와 울리는 꽹과리는 주님의 나팔소리를 듣기 어렵게 만들기도 한다. 그러나 그리스도의 사랑에 지배를 받는 사람은 그 분이 영화롭게 되는 것을 보기 원하는 갈망에 사로잡히게 될 것이다.

진실한 사랑은 오래 참으며 인내한다. 교회를 성숙하고 그리스도에게 순복하도록 이끄는 소명이 교회 가운데 분명히 있다. 이것이야말로 예언자의 소명의 가장 중요한 역할이다. 그러나 이 사역은 사랑으로 이루어져야 하며, 성급하고 편협해서는 안 된다. 우리는 때때로 오 년 전 혹은 십 년 전 혹 십오 년 전 의 우리의 영적인 상태를 되돌아 볼 필요가 있다. 그 당시 우리의 수준에 있는 사람들에게 현재 우리가 너무 조급하게 밀어붙이고 있는 것은 아닌가? 그 사람들이 전에 우리수준 보다 더 나은 경우도 많다.

성숙하지 못한 교회가 많은 것은 지극히 당연하다. 두 살 박이 어린 아이가 성숙하지 못한 것은 당연한 일이다. 두 살 먹은 아이가 기저귀를 차는 것은 괜찮다. 하지만 열 다섯 살 먹은 아이가 여전히 기저귀를 찬다면 그것은 문제이다. 나는 두 살배기에게 여섯 살 짜리 아이나 할 수 있는 일을 시키는 것을 원치 않는다. 그렇게 되면 분명 아이를 실망시킬 것이고 그 아이가 그런 일을 할 수 있기 전에 그런 성숙을 기대한다면 그 아이에게 심각한 상처를 줄 수도 있을 것이다.

나는 아이들의 나이에 맞는 만큼 그들이 자라고 성숙하기를 원하며, 더 많은 것을 요구해서는 안 된다고 생각한다. 마찬가지로 우리는 교회 안에 있는 자들에게도 같은 인내심을 가지고 대해야 한다. 우리는 그들이 처해있는 현재의 영적인 단계를 분별하여 알맞은 훈련과 성숙으로 그들을 이끌어야 한다.

교회를 세우는 사역을 하기 위해서는 교회에 우리의 기대를 걸지 않고 하나님의 기대가 무엇인지 구하도록 주의를 기울여야 한다. 이전에 경험한 거절감으로부터 치유 받지 못한 사역자들은 종종 자신을 입증하기에 급급하게 된다. 이것 때문에 그들은 자신과 사역을 받는 자들에게 비현실적인 압박을 가하게되고 그것으로 인해 더 많은 실패를 하게 된다.

이것은 더 많은 사람을 상처받게 할 뿐만 아니라 사역자들이 증오심으로 가득하게 하거나 확신을 잃게함으로 사역을 할 수 없게 만드는 악순환이 될 수 있다. 우리가 하늘로부터 위임을 받았으며 하나님께서 아신 바 되었다는 사실을 알게될 때, 사람들의 우리에 대한 생각은 진정 문제가 되지 않게 될 것이다. 이런 인식은 모든 사역자들에게 꼭 필요한 자유함을 가져온다. 우리 자신이 인간의 기대 심지어 우리 자신의 기대가 우리를 지배하도록 해서는 안 된다. 오직 하나님의 기대만이 우리를 지배하도록 해야 한다. 하나님께서는 우리에게 행할 수 있는 능력을 주시지 않은 일을 기대하시지 않으신다.

## 채찍과 치유

예수님께서는 전무후무한 가장 큰 거절감을 경험하셨다. 그분께서는 그 자신이 창조한 세상으로부터 버림을 받으셨다. 사랑으로 오신 그분은 눌린 자들을 치유하시고 자유케 하셨으며 한 번도 죄를 지으시지 않으셨다. 그러나 그가 행하셨던 선행의 대가로 그는 가장 잔혹하고 모욕적인 죽음을 당하셨다. 또한 그 죽음을 자신을 죽인 바로 그 사람들을 위해 당하셨다. 그분께서는 역사상 가장 흉악한 악과 범죄를 자신을 박해했던 사람들을 용서하고 구원할 기회로 바로 바꾸어 놓으셨다.

주님께서는 자신을 따른 자들에게 똑같이 행하기를 명하신다. 그 분이 그러셨던 것처럼 우리는 날마다 우리의 십자가를 짊어져야 한다. 그렇게 한다면 우리는 악으로 선을 이길 수 있는 능력을 얻게 될 것이다. 모든 악은 그에 상응하는 선으로 사용되어 질 수 있는 잠재력을 가지고 있다. 우리가 악을 선으로 바꿀 때 그것은 사람들을 그들 안에 있는 악으로부터 해방시킨다. 복음의 사역자인 우리들은 버림을 받도록 되어 있다. 하지만 우리는 그것을 모두 하나님의 사랑을 나타낼 수 있는 기회로 바꿀 수 있다.

우리는 주님이 채찍에 맞으심으로 나음을 입었다. 그가 상처를 입은 바로 그 자리에 그는 치유할 수 있는 권능을 받으셨다. 우리에게도 같은 원리가 적용된다. 주님께서 상처를 입히시지는 않는다. 그러나 그는 우리와 우리가 섬겨야 하는 자들을 위해서 원수가 그렇게 하도록 허락하신다. 우리가 상처를 하나님께서 주신 축복으로 받아들인다면 그 상처들은 상처받은 다른 이들을 치유하는 권능의 원천이 될 것이다.

아동 학대를 받았던 이들은 학대를 받았던 다른 이들을 불쌍히 여기게 될 것이다. 불쌍히 여기는 마음은 모든 진정한 영권의 기초이다. 예수님께서 목자 없는 양들을 불쌍히 여기셨을 때 그는 그들의 목자가 되셨다. 역사상 가장 위대했던 신유 사역자들은 자신들이 고통스러운 질병을 겪었거나 가까운 이들의 고통을 옆에서 함께한 사람들이었다.

우리가 겪는 모든 시련은 우리의 영적인 권위를 높이기 위한 것이라는 사실을 알아야 한다. 모든 시험은 우리를 높이기 위한 것이다. 그래서 바울은 그가 복음을 위해서 당해야 했던 매 맞은 일과 돌에 맞은 것과 큰 시련을 들며 자신의 권위를 옹호했다(고린도후서 11:23-33). 당신의 시련을 헛되이 하지 말라.

### 자비와 심판

하나님께서 이 땅에서 하신 모든 일의 핵심은 구속에 있다. 그 분께서는 원수가 의도했던 모든 악을 최고의 선으로 바꾸어 놓으셨다. 그러나 어떤 이들은 구제할 수 없을 정도로 주님의 사랑과 자비를 거부했다. 가룟 유다가 그랬다. 이때 하나님의 자비는 심판으로 바뀌었다. 그러나 우리는 긍휼이 심판을 이긴다는 사실을 깨달아야 한다(야고보서 2:13).

하나님께서는 심판을 하시기 전에 우리보다 훨씬 더 오래 참으신다. 대부분의 부모들이 다른 아이들보다 자신들의 자식에게 더 오래 참는 것처럼 하나님께서는 그의 자녀에게 있어서 부모보다 더 우리를 오래 참으신다. 하나님께서는 그들을 사랑하시기 때문에 그들을 위하여 자신의 아들을 고문을 받고 죽임을 당하도록 내버려두셨다. 하나님의 아들이 자녀들을 위해서 무고한 핍박과 학대를 견디셨을진대, 우리들은 하나님의 크신 구원을 선포하기 위해서 기꺼이 고난을 당해야 할 것이다.

사실 우리는 악에 대해서는 하나님 보다 더 관용을 베풀 때가 많다. 나는 이것을 "성화되지 못한 자비(unsanctified mercy)"라고 부른다. 그것은 하나님께서 심판하시기를 원하는 자들에게 자비를 베푸는 것이다. 양극단 모두 우리가 하나님을 잘못 전하도록 만든다. 그러므로 우리는 항상 왕이신 그분이 우리 안에 거하시고 우리가 그 분 안에 거하는 한에서만 진정한 영권을 가질 수 있다는 사실을 항상 기억해야 한다. 모든 통치와 권위와 권능을 가지신 분은 바로 하나님이시다. 진정한 영권을 행사하기 위해서는 그분 안에 거하여 그의 인도하심에 민감하고 우리 자신의 판단에 의존하지 않도록 주의하기만 하면 된다.

모세는 두말할 나위 없이 세상에서 가장 현명하고 분별력이 있었던 사람들 중 하나였다. 그럼에도 불구하고 그는 하나님이 주신 권위의 지팡이를 잘못 사용한 죄로 하나님께서는 그를 이스라엘을 약속의 땅으로 인도하지 못하게 하셨다. 주님께서는 모세에게 반석에게 명하여 물을 내라고 말씀하셨지만 그는 자기 자신의 분노 때문에 바위를 내리쳤다(민수기 20:7 - 12). 하나님께서는 진노하시지 않았지만 모세는 진노

하신 것으로 백성들에게 전했던 것이다.

다른 사람이었으면 용서를 받을 수도 있는 일이었지만, 모세가 가진 권위와 하나님과의 친밀한 관계로 인해 모세는 더 큰 책임을 감당해야 했다. 더 높은 영적인 권위를 받기 위해서는 더 큰 책임감이 요구된다. 성전 바깥 뜰에서는 해도 상관이 없었던 일이 지성소에서는 사형에 해당하는 일이 될 수도 있다. 그러므로 우리에게 더 큰 권위가 주어질 수록 우리 자신보다 그분을 더 의지해야 한다.

> "그리스도의 사랑이 우리를 강권하시는도다 우리가 생각건대 한 사람이 모든 사람을 대신하여 죽었은즉 모든 사람이 죽은 것이라 저가 모든 사람을 대신하여 죽으심은 산 자들로 하여금 다시는 저희 자신을 위하여 살지 않고 오직 저희를 대신하여 죽었다가 다시 사신 자를 위하여 살게 하려 함이니라 그러므로 우리가 이제부터는 아무 사람도 육체대로 알지 아니하노라 비록 우리가 그리스도도 육체대로 알았으나 이제부터는 이같이 알지 아니하노라."
>
> 고린도 후서 5:14-16

우리의 목표는 바로 이것이다. 즉 그리스도의 사랑에 지배를 받으며, 더 이상 우리자신이 아닌 그분을 위해서 우리의 삶을 살고, 모든 사람들을 그분의 눈을 가지고 바라보고, 그분의 마음으로 그들을 아는 것이다.

## 거짓된 영권

거짓된 영권을 성경은 마법이라고 일컫는다. 이런 마법에는 상술에 사용되는 속임수에서부터 사교나 악마숭배자들에 의해 행해지는 흑마법에 이르기까지 다양한 형태가 있다.

영적인 은사를 행하는 자들은 종종 이런 사기와 속임수와 다른 형태의 영력에 빠짐으로 이런 악을 행하게 되는 유혹을 받는다. 이것들은 가장 강력한 형태의 속박과 영적 기만에 빠지게 되는 발단이 될 수도 있다. 이 부분은 이미 내가 쓴 "마법을 극복하는 방법(Overcoming Witchcraft)"이라는 소책자에서 자세하게 다루었기 때문에 여기서는 가장 기초적인 문제만 언급하기로 하겠다.

## 자신을 높이면 점술이 된다

자기의 사역을 필요 이상으로 높이는 것은 그 은사가 진짜라고 하더라도 자신의 사역에 다른 위험한 요소가 있다는 징조이다. 자신을 높이는 예언자는 계시와 점술의 경계를 넘게된다. 예언을 한다고 해서 그 사람이 성숙하거나 중요하다는 것을 의미하지는 않는다.

성숙한 예언자는 사람들에게 영향력을 행사하려고 할 것이 아니라 주님과 친밀한 관계를 구해야 할 것이다. 성경은 영적인 은사를 구하라고 말씀하셨다. 따라서 올바른 이유 때문이라면 영적인 은사를 구하는 것은 잘못된 것이 아니다. 하지만 우리가 이기적인 동기로 그런 경험을 구한다면 잘못된 곳으로부터 그것들을 받아들이도록 문을 여는 것과 같다. 그렇다고 해서 하나님께 쓰임을 받기 위해서 우리의 동기가 완전해야 한다는 것은 아니다. 우리가 영적인 은사를 이기적인 이유로 구하고 있다는 것의 증거는 한 가지를 보면 알 수 있다. 즉 우리가 억지로 애를 쓰고 있는지를 보면 알 수 있다. 예언자는 계시를 애를 써서 만들어 내지 않는다. 사과나무는 자기가 어떻게 하면 많은 사과들을 낼 수 있을지 고민하지 않는다. 진짜 사과나무라면 사과는 애쓰지 않아도 나오게 되어 있다.

> "스스로 말하는 자는 자기 영광만 구하되 보내신 이의 영광을 구하는 자는 참되니 그 속에 불의가 없느니라." 요한복음 7:18

라고 주님께서는 경고하셨다(나는 계속해서 이 경고를 반복할 것이다).

제2부 81

자기의 영광을 구하거나 자신을 높이거나 보호하려고 하는 것이야말로 예언 사역과 다른 사역들마저 가장 빠르게 무너뜨리게 될 것이다.

이런 이유 때문에 진정한 사역을 감당하기 위해서는 거절당하는 경험들을 극복하는 것을 배워야 한다. 버림받는 것은 우리가 은혜 안에서 자라고 우리의 계시를 흐리게 하는 야망이나 자존심과 같은 다른 동기들을 죽일 수 있는 기회이다. 우리가 버림받는 것을 주님이 주신 훈련으로 받아들인다면 우리는 은혜와 사랑에 자라게 될 것이다. 하지만 이러한 훈련을 거부한다면 우리는 실제로 마법과 같은 주술에 빠지게 될 위험에 처하게 될 것이다.

우리가 자신을 높여서 얻게 된 모든 영향력들은 언젠가는 우리에게 올무가 될 것이다. 자기를 높여서 얻은 모든 돈과 수단들은 우리가 부름 받은 사역을 하는데에 있어서 실제적으로는 방해물이 될 것이다. 인위적인 노력이나 자기를 높임으로 얻은 것들은 모두 같은 방법으로 유지되어야 한다. 그것은 하나님이 우리에게 주신 진정한 영권을 행사하지 못하도록 방해할 것이다. 속임수나 과장은 예언사역뿐만 아니라 다른 사역들에게도 마찬가지로 치명적인 적이다. 진정한 사역이나 영적인 권위를 이해하는 사람들이라면 하나님이 주시지 않은 영향력은 그 어떤 것이라도 원치 않을 것이다.

### 진정한 영권과 술수

사울 왕처럼 사람들로부터 권위나 인정이나 만족을 얻는 사람은 결국 점쟁이를 찾게 될 것이다. 바울은 술수를 육의 일이라고 규정했다(갈라디아서 5:20). 하지만 그것은 육에서 시작했으나 우리가 회개치 않는다면 결국 사탄의 종이 될 것이다. 그래서 사무엘은 "거역하는 것은 사술의 죄와 같고"라고 사울에게 경고했다.

영권을 가지고 있는 사람이 성령을 거역할 때, 빈 공백은 술수의 거짓 영권에 의해서 메워지게 된다. 이것이 처음에는 자신이 조종하려는 사람들을 속이기 위해서 단순히 과장하거나 영적인 능력에 의존하는 것으로 시작된다. 그러나 회개치 않으면, 사울 왕에서와 같이 가장 악마적인 형태의 불경함과 반항이 될 수도 있다. 사울은 그의 말년에 하나님의 참 선지자들을 살해하고 자신을 위해 굿을 하는 점쟁이들을 두었는데, 이것은 인격적인 결함과 잘못된 선택들로 얼룩진 한 인생의 당연한 결말이었다.

영권을 갖는다는 것은 위험한 일이다. 우리가 현명하다면 다윗의 본을 좇게 될 것이다. 우리는 영적인 권위를 갖는 자리를 추구하지 말아야 하며 하나님께서 우리에게 주셨다는 것을 우리가 확실히 알기까지는 제안을 수락해서도 안 된다. 성경에서 다윗에 관하여 가장 많이 등장하는 구절은 그가 하나님께 여쭈었다는 부분이다(예: 사무엘상 30:8을 보라). 다윗이 하나님께 묻지 않고 중대한 결정을 내린 적이 몇 번 있었는데, 그 때의 결과는 참혹한 것이었다.

하나님께 묻지 않고 하나님의 백성에 관한 중대한 결정을 내리는 것은 가장 외람되고 오만한 일일 것이다. 권위가 더 높을수록 그 위험성도 크고 우리의 결정에 영향을 받는 사람들도 많아진다. 진정한 영권은 사람들이 얻기 원하는 명예가 아니라 짊어져야 하는 짐이다. 영권을 구하는 사람들은 대개 자신들이 무엇을 구하는지를 모르는 경우가 많다.

비록 다윗은 은혜의 시대가 오기 천 년 전에 살았지만, 아마도 지금 이 시대를 살고 있는 사람 누구 못지 않게 은혜에 대해서 잘 알고 있었다. 그러나 그는 수 천명의 목숨을 앗아간 실수를 저질렀다. 아마도 솔로몬의 유일한 소망이 하나님의 백성을 다스리는 지혜를 얻는 것이었던 것도 아마도 그가 아버지의 그런 모습을 보았기 때문이었을 것이다 (열왕기상 3장을 보라). 교회 안에서 지도자로 부르심을 받은 자들은 하나님의 지혜에 온전히 의지하는 이런 자세를 가져야 한다.

우리가 영권의 자리에 있지 않더라고 불경함은 우리를 죽일 수 있다. 그러나 우리가 영권의 자리에 있다면 그것은 다른 사람에게도 상처를 입히게 될 것이다. 지식의 말씀의 은사는 사람들을 더 흥분시킬 수 있다. 하지만 영권의 자리에 있는 사람은 지식의 말씀보다는 지혜의 말씀의 은사를 사모하는 것이 더 나을 것이다.

### 겸손은 안전 그물이다

겸손해지기 전에 사람들에게 알려지는 자들은 실족할 것이다. "하나님이 교만한 자를 물리치시고 겸손한 자에게 은혜를 주신다(야고보서 4:6)." 지혜로운 자는 지위보다는 겸손을 사모한다. 진정한 영권은 하나님의 은혜를 기반으로 한다. 그래서 우리가 더 많은 권위를 행할수록 더 많은 은혜가 필요하다. 진정한 영권은 지위가 아니다. 그것은 은혜이다. 거짓된 영권은 은혜가 아니라 지위에 의존한다. 가장 높은 영권을 가지신 예수님께서도 자신의 지위를 생명을 내려놓는 데에 사용하셨다. 그는 자신을 따르려는 자들에게 자기의 십자가를 지고 자기처럼 행하라고 명령하셨다.

거짓 선지자와 참 선지자를 구분하는 간단한 방법이 있다. 거짓 선지자는 자신들의 은사와 다른 사람들을 자신의 목적을 위해서 사용한다. 참 선지자는 그들의 은사를 그리스도의 사랑과 그의 백성들을 위해서 자신을 희생하는데에 사용한다. 자기를 구하고 자기를 높이며 보호하려고 하는 것은 사역을 무너뜨리는데에 가장 큰 요소로 작용한다. 사울처럼 우리가 하나님으로부터 기름부음을 받았더라도 이런 힘이 우리를 지배한다면 우리는 주술에 빠질 수도 있다.

교회의 지도자들은 주술을 사용하는 것에 대해서 알아야 할 뿐아니라 그들 자신이 주술을 행하는 자들의 주 목표물이라는 사실도 또한 알고 있어야 한다. 그것은 우리가 경계해야 할 적이다. 그것이 내부에서 나온 것이건 외부에서 온 것이건 간에 매우 분간하기 힘들다. 이런 주술의 형태는 흑마법이라고 하지 않으며 대개 백마법의 형태를 띤다. 선한 의도를 가진 사람들이 담대함이 없어서 영향력을 행사하기 위해서 미묘한 속임수의 형태를 사용하게 되는데 이런 경우가 여기에 속한다.

백마법의 두드러진형태는 순복음계열에서 흔히 "카리스마적 주술(charismatic witchcraft)"이라고 불리는 것이다. 그러나 이것은 은사주의 운동에서 말하는 카리스마가 아니라 인간적인 카리스마를 말하는 것이다. 아마도 이것이 순복음 운동에 있어서 가장 큰 해를 미쳤을 것이다.

사이비 영성은 영성이라는 가면을 쓰고 영향력을 미치거나 조종하려고 한다. 이것이 바로 많은 거짓된 예언과 꿈과 환상이 결국 교회를 파괴하거나 무너뜨리고 혹은 지도자들이 모든 예언에 과민하게 반응하거나 경멸하게 만드는 이유이다. 이런 형태의 주술을 사용하는 자들은 항상 자신들이 주님의 생각을 가지고 있으며 지도자들이 그 뜻을 거스리고 있다고 생각한다.

## 요약

솔직하게 나는 이제껏 예언사역을 포함한 사역을 하면서 어떤 형태이건 속임수를 쓰지 않았던 사람을 한 번도 만나 본 적이 없다. 나는 개인적으로 수년 동안을 지배의 영을 사용해서 "이세벨의 영"을 쫓아내는 데에 보냈다. 사도 바울은 술수(혹은 마술)을 육의 일이라고 했는데, 이는 그것이 사람의 타락한 성품에 내재해 있기 때문이다.

우리는 모두 거짓된 영권을 사용하려고 하는 성향을 극복해야 한다. 그것에서 해방되는 길은 이런 형태의 속임수가 죄라는 사실을 깨닫는 데서 시작된다. 우리가 효과적인 사역을 감당하고 진정한 영권을 행하기 위해서는 이러한 타락으로부터 해방되어야 한다.

우리는 이러한 속이려는 성향으로부터 자유로운 만큼 주님으로부터 진정한 능력과 은사를 받게 될 것이다. 우리가 하나님의 진정한 능력을 알기를 원한다면 반드시 다른 버팀목을 제거하고 오직 우리의 사랑인 그 분만을 의지하는 것을 배워야 한다.

## 눈은 하나가 되어야 한다

이사야서 19:10을 보면 선지자들이 "눈"이라고 불렸다. 그리스도의 몸에 눈이 되는 것이 선지자의 역할이다. 선지자는 교회가 넘어지지 않고 계속해서 앞으로 가고 하나님이 부르신 그 길을 벗어나지 않고 갈 수 있도록 돕는 눈이 되어야 한다. 맹인이 계속해서 길을 갈 수는 있겠지만 여행이 지체되는 것은 말할 나위도 없을 뿐더러 매우 위험하고 어려운 여행이 될 것이다.

많은 맹인들이 앞을 못 보는 것에 훌륭하게 적응해 냈다. 그들은 다른 감각을 더 잘 활용하는 방법을 터득하여 매우 풍족한 삶을 누리게 되는 것을 자주 볼 수 있다. 그렇다하더라도 눈이 안 보이는 것을 더 좋아하는 사람은 세상에 아무도 없을 것이다. 마찬가지로 많은 교회들은 예언 사역이 없이 지내는데 적응해왔고 그럼에도 꽤 많은 성장을 했다. 그렇다면 만약 예언사역의 혜택을 누리게 된다면 얼마나 더 많이 성장할 수 있을까? 교회가 보이지 않는 장애물에 걸려 넘어지거나 원수에게 기습 공격을 당하는 일들을 얼마나 많이 줄일 수 있을까? 그들에게 정해진 길을 갈 때 얼마나 더 확신을 가지고 빠르게 나아갈 수 있을까? 말할 것도 없이 볼 수 있다는 것은 우리가 하는 모든 활동을 훨씬 쉽게 만들어 준다.

## 어두움 속을 헤매는 교회

선지자들이 교회 안에서 자리를 잡을 때까지 교회는 계속해서 더듬고 넘어지며 불필요한 어려움과 위험에 처하게 될 것이다. "몸의 빛은 눈이라. 그러므로 네 눈이 순전하면(single) 네 온 몸도 빛으로 가득 차나" 라고 누가복음 11:34(한글 KJV)에 주님께서 말씀하셨다.

우리는 반드시 우리의 온 몸을 빛으로 가득하게 해야 한다. 그렇기 위해서는 눈이 순전, 즉 하나됨을 이루어야 한다는 사실을 알아야 한다. "들을지어다 너의 파수꾼들의 소리로다 그들이 소리를 높여 일제히 노래하니 이는 여호와께서 시온으로 돌아오실 때에 그들의 눈이 마주 봄이로다" 라고 이사야 52:8은 다가올 예언사역이 하나가 될 것을 예언했다. 양쪽 눈이 서로 다른 곳에 초점이 맞추어 있다면 걷기가 힘들 것이다. 오늘 날 많은 예언사역자들의 목소리가 때로는 서로 상충되기도 하지만, 우리는 언젠가는 그 예언들이 하나가 될 것이라는 이사야서의 말씀을 믿어야 한다.

최근 일어난 예언사역은 급속하게 성숙되어 가고 있으며 하나됨에 있어서 교회보다 더 빠른 진척을 보이고 있다. 예언자들이 여러 곳에서 모여서 함께 사역하는 것을 배워가고 있다. 이것은 고무적인 일이나, 하나된 시각을 갖기 위한 기초작업은 개인의 차원에서 이루어져야 한다. 우리 각자가 우리의 시각을 흐리게 하거나 어둡게 하는 것들에 대해 대처해야 한다.

## 눈과 세운 언약

첫째로 우리가 몸의 눈의 역할을 하기 위해서는 우리의 눈을 사용하는데 주의를 기울여야 한다. 욥은 지혜롭게 눈을 사용하였다. "내가 내 눈과 언약을 세웠나니 어찌 처녀에게 주목하랴"(욥기 31: 1). 욥은 자신을 실족하게 만드는 것들을 보지 않기로 자신의 눈과 언약을 세웠다. 우리의 눈이 하나가 되어 하나님께만 고정된다면 우리의 온 몸이 밝아질 것이다.

우리는 눈을 통해 빛과 어두움 모두를 우리의 영혼 속으로 들일 수 있다. 우리가 주님의 지체를 위한 눈의 역할을 하려면, 오직 그분의 거룩한 목적에만 쓰일 수 있도록 우리의 눈을 그분께 드려야 한다. 욕망은 예언자의 시각을 파괴하는 주범이다. 욕망은 가장 저급한 형태의 이기심으로 우리가 닮기를 사모하는 하나님의 성품과 정반대가 되는 것이다. 에베소서 1:18-19에서 바울은 이렇게 말씀했다.

> "너희 마음 눈을 밝히사 그의 부르심의 소망이 무엇이며 성도 안에서 그 기업의영광의 풍성이 무엇이며 그의 힘의 강력으로 역사하심을 따라 믿는 우리에게 베푸신 능력의 지극히 크심이 어떤 것을 너희로 알게 하시기를 구하노라."

예언하기 위해서는 우리의 지각의 눈이 아니라 마음의 눈을 열어야 한다. 마음의 눈을 여는 가장 좋은 방법은 하나님에게 우리의 초점을 맞추는 것이다. 그것은 바로 우리의 소명이 아니라 그분의 소명을, 우리의 유업이 아니라 그 분의 유업의 영광을, 우리의 능력이 아니라 그 분의 능력의 위대하심을 바라보는 것이다. 우리가 그분의 눈을 통해서 볼 때에만이 진정한 예언의 시각으로 바라볼 수 있다.

## 마음의 눈

우리는 육신의 눈이 아니라 마음의 눈으로 더 선명하게 볼 수 있어야 한다. 영계의 일이 자연계의 일보다 더 실제적으로 보여야 한다. 아브라함은 선지자였으며, 육신의 눈으로 보기보다는 마음의 눈으로 보았던 사람의 위대한 모범이다. 그는 하나님께서 세우시고 계시는 도시를 바라보았기 때문에 이 땅에서 가장 위대했던 문화를 버렸다. 그는 미래를 보았으며 비전이 현실인 것처럼 여기며 그 비전에 의지하여 살았다.

> *"너희 조상 아브라함은 나의 때 볼 것을 즐거워하다가 보고 기뻐하였느니라"* 요한복음 8:56

라고 예수님께서는 아브라함의 믿음을 확증하셨다.

아브라함은 주님이 오실 그 날과 부활의 날을 보았기에 아들 이삭을 희생 제물로 바치라는 주님의 명령에 좌절하지 않았다. 그는 자신의 아들이 오실 메시야의 예표라는 것과 필요하다면 메시야처럼 다시 살아날 수 있을 것이라는 것을 알았다. 이런 사실은 히브리서 11:19에 의해 확증된다. "저가 하나님이 능히 죽은 자 가운데서 다시 살리실 줄로 생각한지라." 아브라함은 잠시 있다가 없어질 것이 아니라 영원한 것을 위해 살고 있었다. 이것은 모든 신자들을 위한 소명이지만, 특별히 예언을 하고자 하는 자들에게 있어서는 반드시 필요한 토대가 된다.

예언을 하기 위해서는 우리는 다른 차원에서 살아야 한다. 우리는 사람들을 있는 그대로 보는 것이 아니라 그들의 소명이 무엇인지를 보아야 한다. 우리는 교회를 현재의 상태에서 보아서는 안되며 교회에 주어진 소명에 비추어 교회를 바라보아야 한다. 때로 우리는 없는 것을 있는 것처럼 보아야 하고(로마서 4:17), 하나님의 미래의 계획과 목적을 현실로 예언해야 한다.

### 마른 뼈의 시험

모든 진정한 선지자는 에스겔 37장의 시험을 통과해야 한다. 현재의 마른 뼈 골짜기에서 우리는 무엇을 보고 있는가? 비전이 없는 자는 죽음만을 본다. 하지만 진정한 선지자는 바짝 말라버린 뼈에서 엄청난 수의 군대를 볼 수 있으며 그들이 살아날 것을 예언한다.

진정한 하나됨은 단지 함께 모임으로써 이루어지는 것이 아니다. 오직 우리 모두가 "그의 능력의 말씀"(히브리서 1:3)으로 만물을 붙드시는 그 분을 바라볼 때에만 이루어진다.

바벨론을 바라보면서 하나님이 세우시고 계시는 웅장한 도성을 볼 수 있는 자가 누구인가? 그러기 위해서는 사물을 있는 그대로 바라보는 것을 넘어서서 만물을 주관하시는 그 분을 바라볼 수 있는 예언적인 시각을 갖추어야 한다.

예언사역

제3부

"하나님이 가라사대 말세에 내가 내 영으로 모든 육체에게 부어 주리니 너희의 자녀들은 예언할 것이요 너희의 젊은이들은 환상을 보고 너희의 늙은이들은 꿈을 꾸리라."

사도행전 2:17

## 영적인 민감성을 키우는 법

폴 케인은 비상한 예언의 은사를 가진 사람이다. 그의 은사 중에 특히 나를 놀라게 했던 것은 그가 성령의 인도를 받아 어떤 사람의 집 주소와 같이 특정한 장소를 아무런 사전 지식없이 찾아내는 은사를 가지고 있다는 것이었다. 그는 수 백만이 사는 도시에서도 정확하게 하나님께서 원하시는 약속 장소를 정확히 찾아냈다. 폴을 처음 보았을 때 내 자신이 직접 그 은사를 시험해 보기로 마음을 먹었다. 지금까지 하나님께서 내가 지리를 전혀 모른 곳에서 나를 인도하신 적이 몇 번 있었다. 그러나 노스캐롤라이나처럼 한적한 시골길에서조차 길을 잃고 헤매인 적이 더 많았다. 그런 일이 일어날 때면 폴 케인은 50년 이상이나 걸려서 자신의 은사를 계발했음을 기억해야 했다.

하나님의 그런 인도하심을 계속해서 사모하면서, 나는 점점 더 그 분의 인도하심에 더 예민해져갔다. 나는 언젠가 세계의 어느 주소이든 성령님의 이끄심을 따라서 찾을 수 있을 정도로 그의 인도하심에 민감해지기를 바란다. 내가 이것을 게임으로 생각하는 것은 아니다.

내가 폴을 보았을 때 나는 언젠가는 그와 같이 주님의 인도하심에 민감해야 할 때가 올 것이라는 것을 확신하게 되었다. 그래서 급박한 상황이 오기전에 지금부터 그러한 민감함을 키워나가야겠다고 생각했다.

우리가 성숙하게 되면 주님께서는 더 이상 우리를 손을 잡고 이끄시지 않아도 된다. 주님께서는 이제 그가 원하는 곳으로 우리를 보내시면 된다. 주님께서는 우리가 그 분의 판단력과 지혜를 받아서 하나님과 같은 결정을 하게 되기를 원하신다. 그렇지만 우리는 그 분의 음성과 지혜의 말씀이나 지식의 말씀과 같은 초자연적인 성령의 은사에도 항상 민감해야 한다.

내가 비행기를 타고 도시 위를 지날 때, 방언으로 그 도시를 위해 기도하며 하나님께 그 기도에 대한 통변을 구한다. 하나님께서 통변을 주실 때, 나는 성령님께서 그 도시를 위해 무엇을 기도하시고 계신지를 알게되고 그 분과 한 마음이 될 수 있다. 주로 이 때 그 도시의 교회들에 있는 악한 영의 견고한 진이나 혹은 특별한 은사나 소명에 관한 계시를 받는다. 개인이나 사역을 기도할 때도 역시 그런 방법으로 사용한다.

## 은사는 장난감이 아니라 도구이다

성령의 은사는 장난감이 아니라 교회를 세우기 위한 도구이다. 성령님께서 거룩하시므로 우리는 그 분과 그의 은사를 존귀하게 여겨야 한다. 그러나 우리는 또한 "사랑을 따라 구하라 신령한 것을 사모하되 특별히 예언을 하려고 하라"(고린도전서 14:1) 라고 명령을 받았다. 앞으로는 우리가 하나님의 뜻을 이루기 위해서, 혹은 단지 살아남기 위해서라도 될 수만 있다면 영적인 지혜와 지식과 계시가 모두 다 필요하게 될 것이다. 지금은 우리가 그것을 사용하는 법을 잘 익혀야 할 때이다.

> "이로 인하여 무릇 경건한 자는 주를 만날 기회를 타서 주께 기도할지라 진실로 홍수가 범람할지라도 저에게 미치지 못하리이다"
>
> 시편 32:6

라고 다윗은 말씀했다. 지금은 우리가 그 분의 말씀을 듣고 행하기 위해서 반석 위에 집을 세워야 할 때이다. 폭풍이 올 때까지 집을 짓기를 기다리고 있는 것은 어리석은 일이다(마태복음 7:24-27을 보라). 오순절 날 베드로는 마지막 날에 관한 요엘서의 말씀을 인용하지 않을 수 없었다. 그 말씀에는 앞으로 더 많은 계시가 열릴 것이라고 약속되어 있었다.

> "하나님이 가라사대 말세에 내가 내 영으로 모든 육체에게 부어 주리니 너희의 자녀들은 예언할 것이요 너희의 젊은이들은 환상을 보고 너희의 늙은이들은 꿈을 꾸리라." 사도행전 2:17

참된 성령의 부으심에 대한 가장 분명한 징조는 예언과 환상과 꿈의

빈도와 강도가 증가하는 것이다. 하나님께서 성령을 부으시게 되면 하나님과의 의사 소통이 더 활발해지게 된다. 예언과 환상과 꿈은 영이신 하나님께서 육인 우리와 대화하시는 방법이다.

그렇다면 왜 주님께서는 우리가 들을 수 있도록 크고 분명하게 말씀하시지 않는 것일까? 하나님은 왜 그토록 해석하기 어려운 꿈과 환상을 주시는 것일까? 간단하게 말하자면 우리의 길이 하나님의 길과 다르기 때문이다(이사야 55:8-9). 우리가 하나님과 대화를 하려면 하나님께서 우리의 방법에 따라 바뀌시는 것이 아니라 우리가 그 분의 방법에 따라 바뀌어야 한다.

성령의 언어에서 그림(즉 환상)은 실제로 수 천 마디의 말과 같은 효과가 있다. 주님께서는 우리의 머리가 아니라 우리의 마음과 교통하기를 원하신다. 주님께서는 주님이 무엇을 하시는지를 알려주시려고 하는 것이 아니라 그 분이 왜 그것을 하시는지를 우리가 알기 원하신다. 하나님께서 해석이 필요한 꿈과 환상으로 대화하시기 때문에, 우리는 계속해서 주님을 구하고 의지하게 된다.

## 잘못된 해석

예언사역을 시작하는 많은 사람들이 하나님께로 온 참 환상과 꿈을 받지만 해석을 잘못하는 경우가 있다. 이것 때문에 하나님의 말씀을 오해하고 잘못된 예언을 하게 된다. 신약의 선지자 아가보는 성숙하고 훌륭한 예언자도 해석을 잘못하면 실수를 할 수 있다는 것을 보여주는 좋은 예이다. 그는 바울의 띠로 자신의 손과 발을 묶고 이렇게 예언했다.

> "성령이 말씀하시되 예루살렘에서 유대인들이 이같이 이 띠 임자를 결박하여 이방인의 손에 넘겨 주리라." **사도행전 21:11**

아가보는 예언적인 경고에 대해서 대략적으로 옳았지만, 일이 그가 예상한대로 정확히 이루어지지는 않았다. 실제로 바울은 유대인들에 그를 넘겨받은 이방인들에 의해서 묶임을 당했다(사도행전 21:27-36). 아가보가 본 것은 아마도 바울이 유대인들을 격분시키는 것을 보고 그 다음으로 그가 결박당하여 이방인의 손에 있는 것을 보았을 것이다. 그리고 그는 이일이 어떻게 일어날지 추측한 것이다. 아가보가 몇 가지를 혼동했다고 해서 바울이 로마의 병영에 갇혀 화를 내며 아가보를 거짓 선지자라고 하지는 않았을 것이다. 아가보는 대략적으로는 옳았으며 바울은 앞으로 자신이 겪게 될 것에 대한 경고에 대해서 고마워했을 것이다.

우리가 꿈과 환상에서 본 것을 정확히 이야기하고 우리의 추측을 더 하지 않는다면, 우리 모두가 혼란이나 혹은 매우 심각한 곤란한 겪지 않게 될 것이다. 하나님께서는 대개 우리에게 대략적인 계시만을 주신다. 예언을 입증하거나 우리의 사역을 돋보이게 하기 위해서 좀더 구체적으로 예언하고 싶은 유혹이 종종 있다. 이것은 불경스러운 일이며 우리 사역의 신뢰도를 높이기보다는 오히려 파괴하게 될 것이다.

자라나는 과정에 있는 예언자들 중 많은 이들이 앞으로 일어날 일에 대한 예언을 이미 일어난 일이라고 생각하거나 혹은 그 반대로 생각하여 치명적인 실수를 범하곤 한다. 내가 알고 있는 어떤 사람은 그가 한 번도 본적이 없는 어떤 목사가 간음 중이라는 구체적이고도 분명한 계시를 받았다. 그는 여자의 이름까지도 계시를 받았는데, 사실 그 여자는 그 목사가 위험할 정도로 좋아하고 있는 여자의 이름이었다. 실은 하나님께서 앞으로 다가오는 원수의 덫에 대한 경고로 계시를 주셨지만, 그 선지자는 목사가 이미 간음을 범한 것으로 추측했다. 다행히 예언자와 목사의 위대한 은혜와 겸손 때문에 이 잘못된 해석이 시험이 되지 않고 뼈아픈 교훈으로 남을 수 있었다.

예언에 있어서 사건이 언제 일어났는지를 판단하는 것이 나에게 있어서 가장 어려운 부분이다. 때로 사람들에게 일어난 구체적인 사건을 보게 되는데 그것이 과거에 일어난 일인지 현재의 일인지 아니면 앞으로 벌어질 일인지를 모를 때가 있다. 나는 내가 모르는 것에 대해서 이야기를 나누는 것이 내가 실제로 본 것을 이야기하는 것만큼 중요하다는 교훈을 배웠다.

내가 함께 사역했던 적이 있는 한 예언자는 과거에 일어났거나 미래에 일어날 사건의 연도와 달을 틀리지 않고 이야기 할 수 있을 정도로 자신의 영적인 민감성을 계발하였는데, 나는 그가 실수를 한 것을 본 적이 없다. 우리는 은사를 가지고 있는 동시에 우리가 반드시 알고 있어야 하며 우리에게 남아 있을 수 밖에 없는 한계를 가지고 있다. 이런 한계는 우리가 서로의 도움을 의지하도록 하기 위해서 하나님께서 만드신 것이며, 그 때문에 보통 예언을 판단할 수 있는 다른 예언자들이 있는 장소에서만 예언을 해야 한다.

## 예언의 단계

예언에는 여러 가지 수준이 있다는 것을 아는 것이 중요하다. 예언의 수준은 단순한 느낌에서부터 사도 바울처럼 삼층천에 이끌리어 올라가는 경험에 이르기까지 매우 다양하다.

## 느낌

오늘날 예언이라고 불리는 것들의 대부분은 예언의 가장 낮은 단계인 느낌의 단계에 있는 것들이다. 이런 예언은 우리의 말로 표현해야 하는 대략적인 계시이다. 개인적으로는 내 자신의 말로 표현한 느낌에 불과한 이런 예언에는 "하나님께서 말씀하셨다"라는 말을 달지 않는다. 하나님의 말씀은 존귀한 것이며 나는 결코 나의 말을 하나님의 입을 빌려 말하지 않을 것이다.

진정으로 하나님의 말씀이라면, 내가 필요할 것이라고 생각되는 요란한 각색 없이도 하나님이 원하시는 뜻을 이루게 될 것이다. 우리의 예언의 가치를 가장 많이 떨어뜨리는 요인중의 하나는 아마도 "하나님께서 말씀하셨다"라는 말의 남용일 것이다. 사실 오늘날 예언에 그런 말을 해야 할 필요가 있는지 조차도 논쟁의 여지가 있다.

성경의 선지자들이 이 말을 사용한 것은 하나님의 말씀과 그 시대의 다른 신들의 예언자들에게서 나온 신탁과 구분하기 위해서였다. 오늘날의 "예언" 중의 대부분은 사실 우리 자신들의 권고이다. 이것들 역시 하나님의 생각이라고 해도 되겠지만, 그것들은 우리의 말로 표현된 것이다. 하나님을 받은 이러한 느낌들은 우리가 선호하는 교리나 그날 우리의 기분 등 여러 가지에 의해 혼탁해 질 때가 많다. 느낌들을 그저 느낌으로서 이야기하고 "하나님이 말씀하셨다"라는 귀중한 구절을 남발하지 않는다면 더 높은 권위와 수준의 계시를 받게 될 수 있을 지도 모른다.

### 환상

느낌보다 한 단계 높은 수준의 예언은 환상이다. 환상에도 마음의 눈으로 보는 것에서 마치 영화 화면처럼 보이는 것에 이르기까지 여러 가지 단계가 있다. 내가 다른 사람을 위해서 중보기도를 할 때에는 마음의 눈으로 환상을 본다. 이런 환상은 미묘한 것이기 때문에 그것을 보기 위해서는 인내심을 가지고 평온을 유지해야 한다.

그 중 어떤 것들은 성경의 상징을 이해하면 해석할 수 있는 것들도 있다. 예를 들어, 내가 교사로 부르심을 받은 어떤 이를 위해서 기도할 때, 종종 그들에게 비가 내리는 것을 본다. "나의 교훈은 내리는 비요" 라고 모세가 말했듯이, 성경에서 비는 가르침의 상징일 때가 많다. 신발을 신는 것을 보면 그 사람이 평화의 복음을 전하도록 부르심을 받았다는 것을 뜻한다.

은은 대개 구속을 말한다. 아브라함의 아내 사라는 은으로 구출을 받았다. 그리스도의 예표인 요셉은 형제들이 은을 받고 팔아 넘겼다. 광야에서 이스라엘은 그들의 구속의 대가로 각각 은 반 세겔을 바쳐야 했으며, 예수님께서는 우리를 구속하시기 위해서 은에 팔리셨다. 하나님의 손이 어떤이에게 은을 주시는 것을 보면 그것은 그가 그를 구원하실 것이라는 의미이다. 한 번은 하나님께서 어떤 사람에게 은으로 된 머리 띠를 두르시는 것을 보았는데, 그 의미는 하나님께서 그 사람의 지각을 구원하시기 원하신다는 의미였다. 환상에서 사용되는 상징의 대부분은 성경에 기초하지만, 전부가 다 그런 것은 아니다. 성경에서 나오지 않은 상징들은 보통 예언이 사람이나 상황에 관계되어 있는 경우일 때가 많다.

한 번은 내가 처음 본 사람에게 사역을 하고 있는 중이었는데, 그가 아주 메마른 곳에서 땅을 파고 있는데 아무 것도 찾지 못하고 있는 것을 보았다. 그리고 나서 멀지 않은 곳에서 커다란 유정탑을 보았다. 그 사람은 거기로 들어가서 멀리가지 않아서 땅을 팠는데 기름이 터져 나왔다. 그 환상은 나에게는 잘 이해가 되지 않았지만, 그에게는 아주 의미 심장한 것이었다. 그는 한 때 유전 사업을 했으나 그 당시에는 교회를 개척하려고 하는 중이었다. 그 환상은 그가 올바른 도구를 사용하고 있지 않거나 정확한 곳을 파고 있지 않는 것을 말해주고 있었으며, 그 말은 모두가 사실이었다.

또 한 번은 어떤 젊은 여자를 위해서 기도를 하고 있었는데, 그가 파이를 굽고 있는 것을 보았다. 첫 번째 것은 딱딱하게 마른 것처럼 보였는데, 주님께서는 그것을 다른 사람들에게 갖다 주라고 말씀하셨으며, 그녀는 그대로 순종했다. 그런 다음 그녀가 또 다른 파이를 굽는 것을 보았는데 이번에는 내가 본것 중 가장 아름답고 먹음직스럽게 보이는 파이를 만들어 냈다. 나는 알지 못했지만, 그녀는 실제로 파이 만드는 것을 좋아하며 최근에 내가 말했던 그대로 파이 두 개를 만든 적이 있었다. 그때 하나님께서 그 환상을 풀어 주셨다. 그녀는 자신이 전했던 말씀과 사역이 너무나 메마르고 딱딱하다고 생각했기 때문에 그것들을 나누기를 부끄러워 했다. 주님께서는 그녀에게 신실해야 될 것과 그녀가 가지고 있는 것을 나눌 것을 말씀하고 계셨다. 또한 그녀가 주님의 말씀에 순종할 때 더 큰 것으로 주실 것을 약속하셨다.

내가 한 집회에서 설교를 하고 있을 때의 일이었다. 내가 밑을 내려다 보았는데, 맨 앞줄에 앉은 청년에 대한 환상이 보였다. 환상에서 그가 변기를 청소하고 있었으며, 그 다음에는 죽은 사람들을 일으키고 있었다. 나는 설교를 잠시 중단하고 그에게 환상에 대해서 말해 주었다. 나는 그 환상이 무슨 의미인지 몰랐지만, 그 젊은이는 상당히 충격을 받았다. 나중에 그는 자신의 이야기를 나에게 해 주었는데, 그는 하나님에게 순종하여 사역을 그만두고 교회 청소부가 되었다고 했다. 최근 아주 더러운 화장실을 청소하고 나서 하나님께 버림받은 것같이 느껴지면서 깊은 절망감을 느끼게 되었다. 그때 하나님께서는 그에게 음성을 들려주시며, 그가 청소부로 충성을 다 한다면 언젠가 죽은 자를 일으킬 것이라고 말씀하셨다고 했다. 나의 환상은 그것을 확증해 주었으며 그에게 커다란 격려가 되었다.

우리에게는 무의미한 것처럼 보이는 예언이 그 말씀을 받는 사람에게는 하늘에서 떨어지는 우뢰와 같은 소리가 될 때가 많다. 종종 처음에는 그 사람에게 아무 상관도 없는 예언을 받지만, 나중에 그것이 그에게 엄청난 일이 될 수도 있다. 우리가 예언했던 내용이 그 사람과 상관이 없을 때에, 우리는 인내심을 가져야 하며 그것을 해석하려고 해서는 안 된다. 그런 해석은 참된 예언의 해석을 혼탁하게 한다. 그것이 진정으로 하나님의 말씀이라면 하나님께서 적절한 때에 그것을 이루실 것이다.

## 열린 환상

"열린 환상"이라는 것은 마음의 눈으로 보이는 환상보다 더 높은 형태의 예언을 말한다. 이런 환상은 생생하고 또렷하게 보이기 때문에 주님이 무엇을 말씀하시는지 정확히 알 수 있다. 백부장 고넬료는 환상 중에 하나님의 사자를 밝히 보았는데, 이것은 이러한 형태의 환상의 한 예이다(사도행전 10:3). 고넬료가 환상 가운데 천사와 대화를 나눌 정도로 그 계시는 매우 분명했다. 이러한 계시는 자주 주어지는 것은 아니다. 이방인의 전도의 문을 열기 위해서 고넬료를 사용하시는 것과 같이 하나님께서 매우 중대한 일에 관하여 말씀하실 때 사용된다.

보통 하나님께서는 이처럼 높은 수준의 계시는 매우 중대한 말씀을 전하실 때에만 사용 하시지만, 항상 그렇게 하시는 것은 아니다. 나는 이같이 높은 영계를 빈번하게 경험하는 몇 사람을 알고 있는데, 그들은 평범해 보이는 문제에 대해서도 매우 분명하고 구체적인 계시를 받는다. 하나님께서 주권을 가지고 계시며 그는 때때로 우리가 만들어 놓은 영적인 원리를 벗어나기도 하신다. 대개 이것은 가장 영적인 사람이라고 할찌라도 아직까지는 부분적으로 알며 거울에 비치는 것처럼 희미하게 보기 때문이다(고린도전서 13:9, 12). 그럼에도 불구하고 우리는 우리의 이해가 제한적이라는 것을 인정하면서 우리가 본 것을 나누어야 한다.

## 꿈

꿈도 그와 비슷한 형태의 예언이다. 환상과 마찬가지로 명확성과 계시의 내용에 따라 다른 수준으로 나뉠 수 있다. 어떤 것은 하나님께서 살짝 귀뜸해 주는 정도인가 하면, 어떤 것들은 뚜렷하고 단도직입적이다. 어떤 꿈들은 잠자리가 사나와서 꾸는 꿈들도 있다.

대부분의 꿈들은 그저 낮 동안 생활하며 느꼈던 것들이 축적되어서 생기는 일관성 없고 무의미한 것들이다. 이것들은 우리의 정신상태를 나타내 줄지는 모르지만 하나님께로부터 온 것은 아니다. 꿈이 하나님으로부터 왔을 것이라는 모호한 느낌만 들었다면, 그것은 아마 하나님께로 온 것이 아니었을 것이다. 하나님께로부터 오는 꿈은 그 당시에는 모른다고 할찌라도 보통 쉽게 느낄 수 있다.

## 입신

그 다음으로 높은 계시의 형태는 하나님께서 바울에게 고넬료에게로 가라고 말씀하실 때 사용하셨던 입신일 것이다.(시장하여 먹고자 하매 사람이 준비할 때에 비몽사몽간에: 사도행전 10:10). 입신이란 가장 쉽게 말하자면 깨어 있을 때 꾸는 꿈이다. 입신에 들어가게 되면 순식간에 마치 그 장소에 있는 것처럼 느낄 정도로 현실감 있는 환상에 사로잡히게 된다. 그러나 완전히 의식은 있는 상태이며 언제 입신에 들어갔고 다시 돌아왔는지를 알고 있다. 이런 경험들은 구약과 신약에서 꽤 자주 등장한다. 밧모 섬에서 요한이 받은 계시도 여기에 속하며, 에스겔이 경험했던 것도 마찬가지이다. 바울은 셋째 하늘에 들려 올라가서 자신이 몸 밖에 있었는지 안에 있었는지 분간하지 못했다(고린도후서 12:2-4).

베드로는 부정한 동물들이 천에 쌓여있는 환상을 보았는데 이것은 성경의 직접 계시의 좋은 예이다(사도행전 10장을 보라). 이 환상은 이방인인 고넬료를 방문하도록 이끄시는 하나님의 인도하심을 베드로가 반대할 줄 아시고 그것을 극복하도록 돕기 위해서 보여주신 것이다. 이 환상은 그가 중대한 결정을 내리고 커다란 견고한 진을 무너뜨리는 데 도움을 주었다. 이 일화는 당시 교회가 가지고 있었던 기본적인 교리를 바꾸는 힘든 신학적인 변화를 야기 시켰다. 그때까지만 하더라도 유대인에게만 복음이 전해지고 있었다. 베드로와 같이 경건한 유대인에게는 이방인의 집을 방문하는 것조차 매우 하기 어려운 일이었다. 예언이 교리를 바꾸기 위하여 주어질 때에는 주의를 기울여야 한다. 베드로가 곧바로 성령을 순종하여 고넬료의 집으로 간 것도 잘 한 것이지만, 그가 확증을 위해 예루살렘 공회에 그것을 보고한 것 또한 옳은 일이었다. 성령님께서 그러한 지시를 내리실 때에는, 개인적으로 그 분에게 응답하고 순종할 수 있는 그리스도인들의 자유를 허용해야 한다. 하지만 이러한 변화가 교회의 새로운 입장으로 받아들여지기에 앞서서 먼저 교회의 장로들에게 보고되고 성경에 의해 확증을 받아야 한다.

바울이 사도였기 때문에 어떤 이들은 오직 교회의 지도자들에게만 성령님의 그런 지시에 순종할 수 있는 권한이 있다고 주장할 수도 있다. 후에 사도행전 11:19-21에서 무명의 크리스천들이 주도권을 쥐고 안디옥에서 이방인들에게 복음을 전하는 것을 볼 수 있다. 교회가 성령의 인도하심을 따라 행하기 위해서는 서로 긴장 관계에 있는 두 가지 원리의 균형을 유지하는 것을 배워야 한다. 그 두 가지 원리란 첫째 주님께로부터 받은 계시에 순종하여 변화를 이끌어 나갈 수 있는 자유이고 또 한 가지는 하나님께서 세우신 교회의 권위에 올바르게 순종해야 해야 할 필요성을 말한다. 이런 균형을 유지하기란 쉬운 일이 아니며 그런 균형을 이룬 사람은 거의 없었다. 하지만 이것은 교회의 생명력과 보호를 위해서 꼭 필요하다.

## 다른 예언적 경험들

주님의 음성을 직접 소리로 듣는다거나 천사 혹은 우리 주님이 직접 찾아오시는 것과 같은 매우 높은 단계의 예언적 경험의 종류들이 있다(사도행전 23:11을 보라). 성령의 큰 기름부음의 시대가 다가오고 있기 때문에 이러한 일들이 더 흔하게 일어날 것이다.

하나님께서 은사를 사모하라고 명령하셨지만, 은사를 구하는 것이 항상 현명한 일인 것은 아니다. 많은 이들이 천사를 보거나 바울처럼 셋째 하늘에 올리우는 경험을 한 후에 신앙 생활을 함에 있어서 겪었던 문제들이 이제는 없을 것이라고 생각하는 경향이 있다.

이것은 사실이 아니다. 사탄은 하나님의 영광을 보고 그의 임재안에 거했으며 하나님의 보좌 앞에도 종종 나아갔지만, 실족하고 말았다. 이런 경험들이 우리의 사역을 하는데 있어서 분명히 도움이 되겠지만 우리는 경험보다 은혜가 더 필요하다. 경험을 중시하는 그리스도인들을 보면 늘 그들의 믿음이 매우 약하고 불안정한 것을 볼 수 있다. 예언과 환상에 믿음을 두는 사람들은 진실로 어리석은 자들이다(골로새서 2:18-19를 보라). 이런 경험들은 건물을 짓는 도구이지 그 자체가 건물인 것은 아니다. 또한 그것이 그렇게 중요한 도구도 아니다.

잘못된 이유로 영적인 경험을 사모하는 것은 잘못이지만, 올바른 이유 때문에 그것을 사모하는 것은 결코 잘못된 일이 아니다. 사실 그것을 사모하는 마음은 그러한 경험을 하도록 준비시키기 위해서 하나님이 주신 것일지도 모른다. 나는 여기서 이야기한 거의 모든 종류의 경험을 체험했는데, 그 중에 내가 구한 것은 두 가지가 전부이다. 다른 나머지는 내가 해야 할 사역이나 전해야 할 말씀에 필요하기 때문에 나에게 일어났을 뿐이다.

## 육성으로 들리는 하나님의 음성

어느 날 하나님께서 나에게 그 분의 육성으로 된 음성을 들려 주셨다. 내 친구 가운데는 이런 방법으로 하나님의 음성을 듣는 이들이 종종 있었지만, 나는 영으로 하나님의 말씀을 들은 적은 많았지만 육성으로 들은 적은 아직까지 한번도 없었다. 내가 기도했을 때 하나님께서는 응답해 주시겠다고 말씀해 주셨다. 나는 잔뜩 기대를 하며 의자에 앉아 긴장하고 있었다. 그 분이 말씀하셨을 때, 이제껏 하나님께서 내게 말씀하신 것 중 가장 친근하고 아름다우며 사랑스러운 것들을 이야기 하셨는데, 그때 내가 느꼈던 두려움이라는 것은 이루 말할 수가 없다.

주님의 목소리는 그렇게 크지 않았다. 아마 내가 생각하기로는 창문도 흔들 수 없을 정도였다. 그러나 그 말에는 깊이와 헤아릴 수 없는 능력이 있어서 나는 마치 태양 앞에 작은 원자처럼 느껴졌다. 나는 실제로 영원의 소리를 들었으며, 그것은 연약한 인간의 몸이 거의 감당할 수 없는 정도의 것이었다. 나는 곧 이스라엘 백성이 그의 목소리를 직접 듣지 않아도 되도록 모세에게 하나님의 말씀을 전해달고 요구했던 일을 비난하던 것을 그쳤다.

나는 진심으로 하나님께서 나에게 말씀하셨던 것을 소중하게 생각하지만 다시 그 말씀을 듣기를 원하게 되기까지는 한 참이 걸렸다. 그리고 이제는 하나님이 그 때를 결정하시는 것에 만족한다.

## 천사들

나는 천사들을 몇번 본 적이 있는데, 그 때마다 위로를 받고 격려를 받는 경험을 했다. 그러나 한 가지는 확신할 수 있는데, 누구든 실제로 천사를 본 사람은 감히 그들에게 명령을 내릴 엄두를 내지 못한다는 것이다. 나의 친구 프랜시스 프랜지팬은 이렇게 말하곤 했다.

"천사들은 미술가들이 그린 것처럼 날개 달린 귀여운 아이의 모습이 아니더군." 예수님도 이 땅에서 천사보다 못하게 되셨을 때는 그들에게 명령을 하지 못하셨다(히브리서 2:5-9을 보라). 예수님께서는 아버지께 구한다면 그가 천사를 보내실 것이라고만 말씀하셨다(마태복음 26:53).

물론 예수님께서는 천사보다 훨씬 더 높으시며 우리도 언젠가는 그들을 심판하게 될 것이다. 그럼에도 불구하고 우리는 어리석고 헛되이 우리가 알지도 못하는 것들을 명령한다. 우리가 천사의 군대가 필요한 지 아니면 큰 천사 한 명이 필요한 지 우리가 어떻게 아는가? 지금은 우리도 예수님처럼 우리의 아버지께서 그런 것들을 알아서 하시도록 구하기만 하면 된다.

천사들을 그들이 주인인 것처럼 명령하려고 하는 불경함을 범할 위험만 있는 것이 아니라, 또한 그들을 경배하게 될 위험도 있다. 요한은 예수님과 가장 친밀하게 지낸 제자였으며 예수님이 승천하신 후 오랫

동안 성령 안에서 그 분과 동행한 사람이다. 하지만 예수님과 그렇게 깊은 관계에 있었으며, 후에 계시록의 첫 장에서 예수님의 영화된 모습을 보았음에도, 요한은 후에 환상 가운데 천사에게 엎드리어 경배를 하고 만다(요한계시록 22:8-9). 요한이 그랬다면, 우리가 어떨 지는 말할 필요도 없을 것이다. 우리는 천사에게 주의를 돌리지 말고 하나님을 바라보아야 한다. 하나님께서는 성경에 천사에 관하여 거의 말씀하지지 않으신 것은, 하나님께서는 우리가 주의를 천사에게 돌리기를 원치 않으셨기 때문이다.

그들은 성도들을 보호하고 사역을 위해 보내신 부리는 영들이다(히브리서 1:14). 그러나 그들은 하나님의 지휘아래 있으며, 하나님께서 그들을 어떻게 사용할 지 가장 잘 알고 계신다. 초대 교회는 분명 천상의 나타남에 익숙해 있었다. 베드로가 감옥에서 풀려났을 때, 그를 위해서 기도 했던 사람들은 베드로가 풀려났다고 믿는 것 보다 천사가 문 앞에 왔다고 믿는 것이 더 쉬웠다(사도행전 12장을 보라). 천사가 신자들을 위해서 개입한 경우가 많이 있는데, 그때 교회는 그것을 별로 대수롭지 않게 여겼으며 오직 하나님께만 영광을 돌렸다.

## 예언인가 점술인가?

점술과 예언의 경계는 매우 애매하다. 우리가 불경을 범하는 순간 우리는 그 경계를 넘게된다. 사탄이 주는 거짓된 영적 체험들은 흔히 볼 수 있다. 우리에게 초자연적인 경험이 필요할 때 주님께서는 우리가 그것을 경험할 수 있도록 해 주신다. 그러나 우리는 경험을 구하지 말고 은혜와 그리스도를 아는 지식에 자라가며 옳은 교리에 굳건히 선 예배자가 되어야 한다.

주님께서는 무리들 앞에서 많은 큰 이적을 행하셨지만 물위를 걷는 것과 같은 기적을 소수의 사람들을 위해서 아껴놓으신 것처럼 보인다. 내가 경험한 바로는 예언에 있어서도 마찬가지이다. 내가 한 집회 중에 매우 분명하고 구체적인 예언을 본 적이 있었는데, 그 예언에 해당되는 사람이 나오질 않았다. 나만 창피를 당하고 집회를 마치고 나서야, 그 예언을 받을 사람들이 나와서 이렇게 말한다.

"저희는 그것이 우리 이야기인 지가 확실하지 않아서 앉아 있었습니다." 오랫동안 나는 이것을 주님이 우리를 겸손케 하시려고 하신 것인 줄만 알고 있었다. 하지만 하나님께서는 그 분이 만지시기를 원하는 사람과 친밀하고 개인적으로 가장 특별한 기적을 행하시기를 원하신다고 생각되어 진다. 하나님께서는 사람들을 감동시키려고(혹은 우리가 사람을 사람을 감동시키길 원하셔서)은사를 행하거나 계시를 주시지 않는다. 하나님께서 그렇게 하시기를 원하셨다면 태양을 멈추게 하거나 산을 옮기실 수도 있으실 것이다. 기적과 계시는 하나님의 백성을 위한 무언가를 이루시기 위해서 우리에게 주어지는 것이다. 그것들은 도구일 뿐이지 목적 자체는 아니다. 만약 계시와 권능 그 자체가 목적이 된다면 타락하게 될 것이다. 그것은 성령의 은사이므로 그 분을 거룩하게 모셔야 한다.

사도 요한은 주님의 심장소리를 들을 수 있는 그 분의 가슴에 머리를 대었다(요한복음 13:23). 지금 우리도 주님의 가슴에 머리를 기댈 수 있다. 하나님의 행하심을 보는 것보다 하나님의 길을 아는 것이 더 낫다. 주님의 생각을 알거나 그가 하시는 일을 보는 것도 놀라운 일이지만, 그의 심장 박동 소리를 듣고 우리의 맥박을 그 분에 맞출 수 있을 정도로 그 분과 가까워지는 일이 더 귀하다. 우리가 그렇게 되었을 때, 주님께서는 우리에게 더 큰 예언과 권능을 맡기실 수 있을 것이다.

## 꿈과 환상의 해석

요엘서와 사도행전 모두 말세에 하나님께서 그의 백성에 말씀하시는 주요한 통로는 꿈과 환상이라고 말씀하고 있기 때문에, 그것들을 정확히 해석하는 일은 피할 수 없는 일이다. 지금 해석의 부분에서 예언 사역자들이 많은 실수를 범하는 경향이 있다.

## 흔히 발견되는 장애물들

꿈과 해석을 좀더 정확히 해석하기 위해서는 가장 흔한 장애물이 되는 요소를 먼저 파악해야 한다.

#1- 추측

성경의 상징들을 알기 때문에 하나님의 계시를 해석할 수 있는 단순한 공식을 만들 수 있다고 생각하기 쉽다. 그러나 성경을 해석할 때에도 상징은 서로 모순이 될 수 있다는 사실을 분명히 알아야 한다. 예를 들어 성경에 있어서 대개 뱀은 사탄을 상징한다. 그러나 하나님께서 모세에게 사람들을 치료하기 위해서 뱀을 지팡이에 달아 올리라고 하셨을 때에, 모세는 뱀을 사용하여 메시야를 상징하였다(민수기 21:6-9).

하나님께서는 우리가 하나님이 주신 계시들을 해석 할 때마다 그 분을 의지하게 하시려고 일부러 모순되는 상징을 우리에게 주신 것 같다. 염소는 악마를 상징하나 모세가 "희생염소(scapegoat)를 사용했을 때에는 그것 역시 메시야를 예언하는 것이었다(레위기 16장을 보라). 우리가 우리는 어떤 해석이 아무리 명확하게 보일 지라도 기도하며 하나님의 도우심을 구해야 한다. 진정한 해석은 성령님이 조명해 주실 때 이루어 진다.

#2-자신의 개인적인 현재의 시각에서만 바라봄

이 세상에는 거의 언제나 우리의 마음을 짓누르는 무언가가 있다. 따라서 우리가 어떤 계시를 받든지 그것을 우리가 현재 겪고 있는 문제와 관련이 있다고 생각하기 쉽다. 하나님께서는 종종 전혀 다른 것에 대해서 말씀하실 때가 있는데, 우리는 우리 자신의 상황에 따라 해석하고 그 해석을 상황에 끼워 맞추지 않게 주의해야 할 필요가 있다.

하나님은 모든 것들을 영원의 시각에서 보신다. 하나님은 그것들을 그의 전체적인 계획과 목적의 관점으로 보신다. 하나님께서 우리에게 무엇을 말씀하시는 지를 정확히 해석하기 위해서는 우리 자신이 아니라 그 분의 관점에서 바라보아야 한다.

**#3- 두려움이 아니라 믿음으로 바라보기**

우리가 하나님의 시각으로 바라보려면 하나님께서는 하늘 위에서 손을 비꼬며 걱정스럽게 앉아 계신 분이 아니시라는 것을 알아야 한다. 그 분은 이미 모든 것의 마지막을 아시며 모든 것을 통제하실 수 있다. 분별의 은사는 해석을 위해 필요하지만 많은 이들이 의심을 진정한 분별이라고 생각하는 함정에 빠진다. 의심은 두려움에서 나왔으며, 두려움은 항상 우리의 인식을 흐리게 만든다.

진정한 분별은 선한 하나님의 사랑에 의해서 이루질 수 있으며, 온전한 사랑은 모든 두려움을 내어쫓는다(요한 일서 4:18). "하나님은 사랑이시다"(요한일서 4:8). 우리가 그 분을 보기 위해서는 우리는 반드시 사랑의 눈으로 바라보아야 한다. 하나님께서는 원수를 두려워하시지 않으신다. 두려움은 언제나 진정한 영적인 시각을 흐리게 한다.

**#4-잘못 맞추어진 초점**

예언 사역의 첫 번째 소명은 왕이 오시는 길을 예비하는 것이지 원수를 기다리는 것이 아니다. 우리의 원수를 찾는 것에 초점을 맞출 때에 우리의 시각이 심각하게 왜곡 될 수 있다. 오늘 날 "파수꾼 사역"이라고 불리는 것들 중 어떤 것도 주님께서 새로운 운동 가운데 오신다고 예언한다거나 그 분이 오시는 길을 준비한 적은 없다. 이것은 그들의 사역에 대한 분명한 경고로 받아들여야 한다. 주님보다 원수에 더 신경을 쓴다면 유다가 말한 대로 "불평하는 자"(유다서 16)들이 될 위험이 있다. 두려움과 분열을 심어 놓음으로써, 자칭 "파수꾼"이라고 하는 자들 중 어떤 이들은 그들이 그토록 두려워하는 이단 종교 집단 보다도 더 많은 해를 교회에 끼쳤다.

주님께서는 두아디라 교회가 사탄의 깊은 것을 알지 못함을 칭찬하셨다(요한 계시록 2:24). 우리는 우리가 바라보는 것들을 닮아 가게 될 것이다(고린도 후서 3:18). 우리가 하나님의 영광을 바라보고 있다면 그의 형상을 닮아갈 것이다. 만약 우리가 원수를 쳐다보는 데에 더 많은 시간을 보낸다면 우리는 그의 형상을 닮아서 형제들을 고소하는 자가 될 것이다. 그런 이유로 자신을 성경의 보호자로 자임하는 이단 사냥꾼들이 비열하게 되며 교회를 바로 잡는다고 하면서 성경의 가르침에서 쉽게 벗어나게 된다. 우리는 경계하여 원수를 재빠르게 알아채야 한다. 그러나 우리는 또한 확실하기 전까지는 성급하게 원수라고 해서도 안 된다. 주님과 그들이 발견한 일 보다 더 확실하게 일하시는 하나님의 역사를 바라보지 않는 이들의 시각을 믿는 것은 지혜롭지 못한 일이다.

### #5-편견

편견은 문화적인 것일 수도 혹은 종교적인 것일 수 도 있다. 우리가 인종이나 성별이나 나이나 교파나 운동에 대한 편견을 가지게 될 때 우리가 보는 것이 심각하게 가려질 수 있다. 예수님께서는 전 세상을 구하기 위해서 오셨다. "너희는 유대인이나 헬라인이나 종이나 자주자나 남자나 여자 없이 다 그리스도 예수 안에서 하나이니라"(갈라디아서 3:28). 사람들의 집단에 대한 선입견은 매우 위험한 영적인 결점이다. 그것을 회개하고 하나님께 우리의 마음을 바꾸어 달라고 구하지 않으면 원수가 그것을 이용하기 쉽다.


**#6-교리적인 편견**

우리는 올바른 교리를 고수해야 한다. 그러나 하나님께서는 교리를 입증하기 위해서 예언을 주시는 것은 아니다. 그것을 위해서는 성경을 주셨다. 교리를 세우기 위해서 예언을 사용하는 자는 다른 길로 빠질 수 있는 위험이 있다. 우리는 자신이 따르는 교리를 선전하거나 다른 목적을 가지고 예언을 이용하려는 자들을 믿어서는 안 된다. 많은 기름부음 있는 예언자들이 교사가 되려고 하다가 실패를 경험했다. 가르침과 예언의 은사를 모두 가지고 있는 이들도 있다. 하지만 대개는 그런 사람들 경우는 사도로서 부르심을 받기 위한 준비 단계 있는 이들이 대부분이다. 단지 예언자로 부르심을 받은 자가 교사가 되려고 한다든지 아니면 교사로만 부르심을 받은 자가 예언자가 되고자 할 때, 비참한 결과를 맞게 되는 경우가 많다.

#7-거절감

내가 이미 길게 설명한대로 예언자는 사람들에게 거절을 당하는 경우가 많다. 그러나 그것이 그들의 영의 발목을 잡게 해서는 안 된다. 우리가 그러한 거절감에 지나치게 상처를 받게되면 항상 사역을 타협할 위험에 처하게 된다. 과거에 경험한 버림받은 기억에 사로잡혀 있다만 우리는 그리스도 중심의 사역자가 아니라 자기 중심의 사역자가 되게 될 것이다. 거부감은 치유 받지 않으면 예언의 해석을 왜곡하는 심각한 문제를 야기하게 되는데, 그것이 바로 쓴 뿌리이다.

#8-쓴 뿌리

몸에 딱지가 있으면 제사장이 될 수 없었다(레위기 21:20). 딱지는 아주 작지만 아직 치유가 되지 않은 상처를 말한다. 사람이 아물지 않은 상처가 있으면 지나치게 민감하게 되고 건드리지도 못하게 된다. 영적 상처가 치유 받지 못하면, 그 상처가 곪아서 쓴 뿌리가 될 수 있다. 히브리서 기자는 그와 같은 쓴 뿌리가 많은 이들을 더럽히게 될 것이라고 경고했다.

하나님께서 예언자인 어떤 친구에게 영적으로 양을 지키는 양치기개가 되느냐 그들을 삼키는 늑대가 되느냐 하는 것은 그가 상처를 치유 받았는지에 달려 있다고 말씀하신 적이 있다. 가장 거짓된 선지자들도 주님의 선지자라고 불렸다. 유다가 교회에게 불평하는 자들과 비판하는 자들이라고 했던 자들도 마음의 쓴뿌리가 나서 비판적으로 변해 버린 선지자들과 파수꾼들이었다. 용서는 기독교의 기본적인 진리이다. 우리가 용서하지 못할 때, 우리는 생명의 길에서 벗어나게 된다.


### #9-반항

반항은 보통 거부감이나 아집에서 비롯되는데, 이 두 가지 모두 예언사역에서 치명적이 될 수 있다. 반항의 극단적인 경우 보통 우리는 사람이 아니라 오직 하나님께만 순복한다는 주장을 하게 되는데, 이것이 사실은 사람에 대한 두려움의 발로이다. 하나님께서는 대개 사람들에게 말씀하시며 그들을 통해서 역사하시기 때문에 이러한 사고방식은 매우 잘못된 것이다. 사람에 대한 두려움에 사로잡히지 않고 진정으로 하나님을 경외하는 사람은 자유롭게 하나님이 기름 부으신 모든 사람을 올바로 인정하고 존경하며 복종할 수 있다.

아주 적은 차이가 예언과 점술을 나눈다. 거역함은 마법하는 죄와 같고 완고함은 행악과 우상 숭배와 같기 때문에(사무엘상 15:23), 우리는 거역함과 완고함으로부터 우리의 마음을 지키려고 부지런히 노력해야 할 것이다. 사울 왕에게서 우리가 볼 수 있듯이 이것은 원수들이 우리 마음에 들어오게 하는 거대한 열린 문의 구실을 하게 될 수 있다.


### #10-거룩하지 않은 자비

거룩하지 않은 자비(unsanctified mercy)란 하나님께서 심판하시는 것에 대해서 자비를 베푸는 것을 말한다. 중보자들을 종종 사람들의 짐을 짊어지게 되지만, 예언자들은 주님의 짐을 지어야 한다. 이 둘은 서로 대립될 때가 많다. 이것 때문에 베드로는 성경에서 가장 무서운 징계를 받았다.

> "사탄아, 내 뒤로 물러가라. 너는 나에게 걸림이 되는도다. 이는 네가 하나님의 일들을 생각하지 않고 사람의 일들을 생각함이라."
>
> 마태복음 16:23

예수님께서는 인간적인 필요가 아니라 오직 당신이 하나님께서 하시는 일이라고 생각하시는 것에만 응답하셨다. 그는 사람들의 필요에 대해 동정을 가지고 계셨지만, 동정이 아니라 오직 하나님 한 분 만이 그 분의 행사를 주관하셨다. 성령이 아니라 동정에 지배를 받는 자들은, 목회자가 아무런 열매와 변화 없이 시간과 정력을 모두 소비하게 만들도록 "거짓 형제"들을 침투시켜 교회를 서서히 파괴시키려는 원수의 전략에 사용될 때가 많다.

#11-"**분당의 영**"

우리가 어떤 한 단체에서만 인정을 받게 될 때, 우리는 그들의 입장에 서서 예언을 하도록 압력을 받게 될 때가 종종 있다. 이것은 예언의 정직성을 지키는 것을 매우 어렵게 만든다. 사역에 있어서 모든 진정한 권위는 교회가 아니라 주님으로부터 나오며, 교회 한 분파는 더욱이 아니다. 목사 안수식은 초대 교회에서 사용되었던 추천서와 같으며 사역을 검증하는데 도움이 된다. 또한 우리는 지역 교회 혹은 어떤 교회 운동 조직에 복종해야 한다. 하지만 우리는 진정한 권위는 하나님에게서

온다는 사실을 항상 알아야 한다.

우리가 섬기는 영혼들에게 주님의 말씀을 올바로 전하기 위해서는 이러한 당짓는 영을 경계하며 때로는 그것과 맞서야 한다. 그것들이 점검되지 않는다면 예언사역의 정직성을 무너뜨리고 우리가 섬기도록 부르심을 받은 교회나 운동에 해를 입히게 될 것이다. 대제사장은 모든 부족을 상징하는 돌들을 그의 가슴판에 붙이고 다닌다. 우리가 대제사장의 부르심을 감당하려면 어떤 한 교회나 종파나 운동이 아니라 궁극적으로 교회 전체를 우리의 가슴에 품어야 할 것이다.

### #12-그리스도의 몸에 대한 불복종

그리스도의 몸에 대해 복종하지 않는 이유가 반항이건 거절을 당한 경험이 있어서이건 혹은 단지 무관심해서 이건 간에 그것은 많은 희생을 가져올 것이다. 나는 특별한 해석의 은사를 받은 이들조차도 자신의 꿈과 환상을 풀이하는데 어려움을 겪는 것을 본적이 있다. 하나님께서는 모든 사람이 다른 지체들을 필요로 하도록 하시기 위해서 자신의 사역을 이런 방법으로 제한하신다.

또한 우리는 자신의 계시를 풀이할 때보다 다른 사람의 것을 풀이할 때 훨씬 더 객관적이 될 수 있다. 지속적으로 하나님으로부터 높은 수준의 계시를 받는 내가 알고 있는 예언사역자들은 자신의 삶에 있어서 중요한 일에 관해서는 하나님께 계시를 거의 받지 못하며, 그들이 예언이 필요할 때에는 다른 사람들에게 의존하는 경우가 많다.

내가 아는 뛰어난 예언자들을 포함한 모든 사역자들은 자신의 삶 속에서 다른 사람들의 도움이 없이는 볼 수 없는 사각 지대를 가지고 있다. 우리가 함께 사역하며 다른 이들이 가지고 있는 고유한 은사들을 신뢰하는 법을 배우지 못한다면 우리는 계속해서 그 사각지대에 있는 원수들에게 치이게 될 것이다.

### #13-욕망

욕망은 예언자의 눈을 어둡게 하는 주범이다. 이사야 29:10에 예언자들을 "눈"이라고 말씀하셨다. 예언자들의 그리스도의 지체에서 눈의 역할을 하도록 부르심을 받았다. "몸의 빛은 눈이라. 그러므로 네 눈이 순전하면(single) 네 온 몸도 빛으로 가득 차나 네 눈이 악하면 너의 몸도 어두움으로 가득하리라"(누가복음 11:34 한글 킹제임스)라고 주님께서 말씀 하셨다. 순전하다는 말은 우리의 눈이 통일되고 일치된 시각을 가져야 한다는 것만을 말하는 것이 아니고, 또한 우리가 하나님을 위해서 눈을 사용하려면 오직 그 분만을 위해서 사용해야 함을 의미한다. 그럴 때에만이 우리가 빛으로 가득 차게 될 것이다.

> *"내가 내 눈과 더불어 언약을 세웠는데 어찌하여 내가 소녀를 생각하랴"* 욥기 31:1

라고 욥은 선언했다. 욥은 자신을 실족하게 하는 것들을 보지 않기로 그의 눈과 언약을 맺었다. 우리가 예언적인 시각을 갖기 원한다면, 우리는 우리의 눈은 하나님의 것이며 그것을 악한 것에 사용하지 않겠다는 이와 같은 언약을 해야 할 것이다. 욕망은 하나님의 본성과 예언 사역의 본질에 정 반대인 이기심에 뿌리를 두고 있다.

### #14-육신의 눈이 아니라 마음의 눈으로 보기

예언은 성령으로부터 온다. 따라서 우리는 자연계에서 우리가 알고 있는 것들에 의해서 지나치게 영향을 받지 않도록 주의해야 한다. 우리가 어떤 것에 관하여 예언을 요청 받았을 때, 만약 우리가 그것에 대해서 이미 알고 있었다면 반드시 그 사실을 알려야 한다. 이것은 예언의 정직성을 지키기 위해서 반드시 필요하다.

우리는 또한 특별히 사람들을 판단하는 데에 있어서 육신에 눈으로 보이는 것들이 영적인 시야를 방해하지 못하도록 주의해야 한다. 예를 들어 겉으로 보기에 잘 지내고 있는 것처럼 보이는 사람들의 내면에 실제로는 큰 상처를 가지고 있는 경우가 많다. 사람들은 자신의 겉모양을 위장한다. 그래서 겉보기에 매우 강해 보이지만 속을 들여다보면 가장 연약한 사람인 경우가 많다. 예언자가 되기 위해서는 자연적인 지각 이상의 것을 필요로 한다. 때로 주님께서는 자연적인 지각에 기름을 부으셔서 계시를 위해서 사용하시기도 하신다. 그러나 대부분의 경우 자연적인 외관으로 판단하면 잘못된 결론에 이르게 된다. 선지자 사무엘에게도 그와 같은 일이 있었다. 그의 말이 하나도 땅에 떨어지지 않을 것이라고 하나님께서 말씀하셨지만(사무엘상 3:19), 하나님께서는 겉모습으로 판단한 것에 대해서는 사무엘을 엄히 꾸짖으셨다.

"그의 용모나 그의 신장을 보지 말라. 내가 그를 버렸노라. 주가 보는 것은 사람이 보는 것과 같지 아니하나니, 사람은 외양을 보나 주는 마음을 보느니라" 사무엘상 16:7

하나님께서는 우리가 보는 대로 보시지 않으신다. 그리스도의 몸을 위한 눈으로 사용을 받기 위해서는 이 교훈을 깊이 새겨야 한다.

## 영적인 상징을 이해하는 법

예언이 영적인 은사이며 어떤 원리나 공식을 익혀서 배울 수 있는 기술이 아니라는 사실은 아무리 강조해도 지나치지 않다. 그러나 예언적인 꿈과 환상은 분명히 상징을 가지고 있기 때문에 상징을 이해는 것은 은사를 해석하는 데에 중요하다. 성경에서 사용되는 상징들이 예언에 있어서도 대개는 같은 의미로 사용되는 경우가 많다.

하나님께서는 주로 신성한 자연에 비유되는데 자연은 더럽혀지지 않았기 때문이다. 구리는 인간의 본성을 의미하는데, 그 이유는 구리가 금과 비슷하지만 쉽게 녹이 슬기 때문이다. 금은 보통 구속을 의미한다. 청색은 하늘 혹은 천국의 색이므로 성령의 영역을 말한다. 붉은 색은 피의 색깔이므로 희생을 의미한다. 자색은 청색과 적색의 혼합이기 때문에 왕이나 권위를 상징하는 색깔이다. 이는 곧 영적인 권위는 하나님의 계시와 희생을 기반으로 한다는 것을 의미한다. 꿈이나 환상 속에서 메마른 강바닥은 주로 기름 부으심이 그쳐버린 영적인 운동이나 교단과 관계가 있는 경우가 많다. 메마른 강바닥은 물이 흐르다가 그쳐버린 장소이기 때문이다. 파리는 보통 거짓말을 뜻하는데, 그 이유는 사탄은 파리의 왕이라는 뜻의 바알세불이라고 불렸으며(마태복음 12:24), 또한 그는 "거짓말의 아비"(요한복음 8:44)이기 때문이다.

파리는 또한 올바로 처리되지 않은 쓰레기나 폐물을 먹고사는 동물인데, 원수들이 교회를 대적하여 사용하는 거짓말의 근원이 바로 그런 쓰레기이다. 이것은 상징을 해석하는 방법에 대한 매우 피상적인 설명이다. 이 주제에 관해서는 다음 책에서 더 깊게 다루도록 하겠다.

## 마음의 은밀한 것

바울이 고린도전서 14:25에서 예언의 은사에 대해서 이야기하면서 예언이 마음의 은밀한 것을 드러낸다고 말했다. 이 한 구절을 가지고서, 모든 신약의 예언은 사람들의 마음의 은밀한 것을 드러내는 것이라는 교리를 세워야 한다고 생각하지는 않는다. 그러나 이것이 사람들이 하나님께서 진실로 우리 가운데 계시다고 고백하게 하는 예언의 중요한 부분이 될 수 있다. 나는 종종 내가 모르는 사람들로부터 예언의 말씀을 받을 때가 있다. 이런 예언의 대부분은 내가 하고 있는 전 사역의 방향을 결정하거나 나로 하여금 엄청난 시간과 정력을 요하는 선교나 사역에 참여하도록 하기 위한 것들이다.

하나님이 보여주시지 않아서 아무도 알 수 없는 내 마음의 은밀한 무언가를 드러내는 일이 없다면 나는 보통 낯선 사람들에게 받은 지시하는 내용을 담은 예언에는 귀를 기울이지 않는다. 그 예언이 나의 은밀한 것을 드러냈다고 하더라도 그 예언을 전부 받아들이지는 않는데, 왜냐하면 성숙하지 못한 사람들이 주님에게 참 예언을 받지만 거기에 많은 자신의 생각을 더할 수 있다는 것을 알기 때문이다. 그러나 내 마음의 은밀한 것을 드러내는 말을 듣게 되면 적어도 그 예언에 대해서 심각하게 기도하게 된다.

내가 그들의 예언을 확실히 믿게 된 예언 사역자 친구들이 있지만, 여전히 나는 그들이 내게 해준 모든 말에 대해서 판단을 한다. 완전하신 분은 오직 한 분이시며 다른 모든 이들은 실수를 범할 수 있다고 생각한다. 그런 이유로 하나님께서는 우리가 모든 예언을 판단해야 한다고 하셨다. 내가 신뢰하며 그들이 하는 말을 항상 귀담아 듣는 친구들이라고 할찌라도 그들이 하는 예언 속에 그들이 알 수 없는 내 마음의 비밀한 것을 드러낼 때가 있다는 것을 아는 것은 도움이 된다.

그 예로, 어떤 친구가 내게 내가 받은 열린 환상에 대해서 자세히 이야기를 해준 후 그것을 풀이해 주었다. 그 사람이 나에게 환상에 대해서 말해 주었을 때에 나는 환상을 본지 얼마 되지 않아서 다른 이에게 이야기 할 시간이 없었다. 그가 나에 대해서 이미 알고 있었던 것에 관한 무언가를 이야기하기 위해서 나에게 전화를 했었더라면 그와 같은 느낌을 같지는 않았을 것이다. 그랬다면 나는 아마도 형제로부터의 충고 정도로 받아 들였지 예언의 말씀이라고 까지는 생각지 않았을 것이다.

주님게서는 예언을 통해서 우리 마음의 은밀한 것을 드러내실 때 그 말씀이 우리의 마음속에 더 깊이 파고든다. 우리는 하나님께서 우리의 머리털까지라도 세신바 되셨다라는 구절을 인용한다(마태복음 10:30).

그러나 예언의 말씀이 오직 하나님께서만이 아실 수 있는 우리에 대한 무언가를 드러내게될 때 그 지식은 우리의 머리에서 마음으로 옮겨간다.

하나님께서 우리 마음의 비밀한 것을 나타내실 때 우리는 그에게는 어떤 비밀도 있을 수 없다는 것을 경험적으로 알게 된다. 그는 모든 상황과 생각 속에서 언제나 우리와 함께 계신다. 이것이 예언의 말씀이나 경험을 통해서 우리에게 증명될 때, 우리는 주님과 더 깊은 친밀함과 교제를 갖게 된다.

## 머리가 아닌 마음의 비밀

우리 마음의 비밀한 것이 드러난다고 생각하면 우리는 처음에는 두려운 생각을 갖게 된다. 아마도 매일 우리 생각 속에는 많은 어둡고 악한 생각들이 스쳐 지나가는 것이 사실이기 때문이다. 그러나 우리의 머리에 스치는 것이 모두 우리 마음에 있는 것은 아니다. 우리의 머리는 마귀가 주는 생각에 사로잡힐 수가 있다. 그로 인해 우리는 죄책감을 느끼기도 한다. 하지만 그 생각들은 실제로는 우리의 것이 아니며 우리에게 각인 되고 있는 중에 있는 것이다.

우리의 몸도 또한 우리의 머리에게 많은 느낌을 들게 한다. 우리가 카페인을 끊거나 잠이 모자라게 되면 당신을 짜증나게 하는 사람에 대해서 나쁜 생각이 들 수 있다. 하지만 이런 생각들은 우리의 마음에 속하는 것은 아니다. 하나님께서는 우리를 창피하게 하시거나 우리의 은밀한 죄를 사람들 앞에 드러내기를 원하시는 그런 분이 아니시다. 하나님께서는 예언과 지식의 말씀의 은사를 사용하셔서서 그 분이 우리와 얼마나 친밀하신가를 우리의 머리가 아니라 마음으로 깨닫게 하신다. 그 분은 진정으로 우리 곁에 계신다. 우리가 그것을 깨닫게 되면, 하나님께서 비밀한 죄를 말씀하시지 않으시더라도 그 죄를 회개할 수 있게 된다.

하나님께서 예언을 통해서 우리의 마음의 은밀한 것을 드러내는 이유 중의 하나는 그것을 통해서 우리가 받은 소명을 분명하게 하시기 위해서이다. 모든 소명에는 어려움과 시련이 따른다. 하지만 우리가 하나님이 그 일에 우리를 부르셨다는 확신을 가지고 시작하게 되면 그러한 문제들을 훨씬 더 쉽게 견딜 수 있다. 주님의 궁극적인 목적은 일에 대한 우리의 생각만이 아니라 우리의 마음을 바꾸시는 데 있다. 하나님께서는 사람의 생각과 행동뿐만이 아니라 마음을 보신다. 마음은 사람의 내면 가장 깊은 곳에 자리 잡고 있다. 그래서 하나님께서는 주로 마음을 향해 말씀을 하신다.

우리의 깊은 내면은 다른 사람들은 물론 때로는 우리 자신에게도 가려져 있다. 이러한 은밀한 부분을 만지는 예언은 우리가 확신을 갖지 못했을 일들을 자유롭게 하도록 만든다. 지난 몇 년 동안 나는 예언이 개인의 삶 속에서 그런 일들을 이루어 내어서 결국 그들을 향하신 하나님의 뜻과 소명으로 이끌게 되었다는 간증을 수도 없이 들었다.

### 예언은 확증만을 위한 것이다?

많은 사람들이 예언은 하나님께서 이미 말씀하신 것을 단지 확증하기 위한 것이라고 가르치는 것을 들었다. 그러나 나는 이런 견해가 성경적이라고 생각하지 않는다. 사실 성경에는 그 반대인 경우가 더 많다. 대부분의 경우 사람들이 잘못된 곳으로 가려고 하기 때문에 확증이 아니라 그것을 바로잡기 위해서 예언이 주어진다. 그러나 때로는 하나님께서는 확증을 위해서 예언을 주시기도 하신다. 하나님께서는 때로는 예언을 반복하시기도 하시는데, 이것을 하나의 원리라고 여겨서는 안 된다. 우리의 소명이나 사역에 있어서 확증이 도움이 될 때가 많다. 하지만 이것이 모든 사람에게 해당하는 것은 아니며 모든 소명 이 같은 정도의 확증을 필요로 하지 않는다.

일반적으로 확증이 구체적이고 극적일수록 주어지는 더 어려운 사명이 주어진다. 그렇다고 해서 그 사명이 더 중요하다는 말이 아니라 단지 더 어렵다는 말이다. 그럼에도 불구하고 많은 뛰어난 하나님의 사람들이 아주 미약한 확증이나 혹은 아무런 확증 없이도 훌륭하게 그들의 사명을 감당했다. 그런 반면 어떤 이들은 그것이 예언이라고 생각지는 않는다고 하더라도, 계속해서 예언적인 확증과 격려의 말씀을 반복해서 받기도 한다.

우리는 하나님께서 믿음으로 행하도록 부르신다는 사실을 알아야 하는데, 그것은 진정한 믿음이 우리로 계속해서 그 분을 의지하도록 하기 때문이다. 가장 극적이고 구체적인 확증을 주실 때에도 하나님께서는 항상 믿음이 필요한 여지를 남겨 놓으실 것이다. 많은 사람들이 자신들이 원치 않는 사명이나 소명에 대해서 구체적인 말씀을 받기를 원하지만, 그것이 그들에게 최선의 방법은 아니다.

## 예언 중독

하나님께서는 우리가 예언에 중독 되는 것은 원치 않으신다. 예언으로 지시를 받는 것보다 믿음과 지혜에 자라 가는 것이 더 중요할 때가 많다. 하나님께서 구체적으로 말씀하실 때에는 우리가 겪게 될 어려움 때문일 경우가 많다. 우리가 그것을 극복하기 위해서는 특별한 확증이 필요하다.

우리에게 유익하고 우리를 지도하는 말씀을 계속해서 받는다는 것은 우리가 성숙했다는 뜻이 아니라 오히려 우리가 성숙하지 못했다는 뜻이다. 유아들은 계속해서 가르치고 돌봐야 하지만, 아이가 자라면서 그런 것들이 점차 필요하지 않게 된다. 성경에서 사도들은 하나님이 손을 잡아서 이끄시지 않으셨다. 그들은 주님의 성숙한 사자로 보내심을 받았다. 아주 드문 경우를 제외하고 그들은 하나님의 마음을 가지고 있었으므로 예언의 말씀이나 확증의 필요 없이 하나님의 뜻에 따라 결정을 내렸다.

바울이 첫 번째 전도 여행에서 하나님께 구체적이고 예언적인 임무를 받았다. 가장 열매가 많았던 두 번째 전도 여행에서는 어디로 가라는 구체적인 말씀이 없었다. 그는 단지 그가 세운 교회를 점검하기 위해서 돌아가야겠다고 느꼈을 뿐이다. 우리가 어릴 때에는 손을 잡고 길을 인도해야 한다. 성숙한 사도는 모든 일에 대해서 구체적인 계시를 필요로 하거나 구하지 않았다. 그는 그리스도의 마음을 가진 신실한 대사로서 결정을 내렸다.

그는 분명 예언적인 지시를 받는 것에 열려있었지만, 그것에 의존하지는 않았다. 바울은 아가보로부터 그가 예루살렘에 가면 겪게 될 어려움에 대해서 구체적인 예언의 말씀을 받았다. 이 계시는 그 예언을 전했던 이들이 생각한 것처럼 그를 돌이키기 위한 것이 아니라 그에게 닥칠 것에 대해서 그를 준비시키기 위한 것이었다. 그 예언은 바울에게 어떤 지시를 하기 위한 것이 아니라 단지 그가 겪게 될 고난에 대비하기 위해서 앞으로 일어날 일을 알려주기 위한 것이었다. 그의 동역자들은 이 말씀이 바울이 가지 않도록 지시하는 것으로 받아들였지만, 바울은 예수님과 같이 다르게 생각했으며 예루살렘에서의 그의 시련을 맞아들이기로 굳게 결심하였다.

## 지시적 예언

바울의 사역가운데 마게도니아에 대한 환상은 구체적인 지시적 예언의 좋은 예이다(사도행전 16:9-30). 이 계시는 바울이 매우 중요한 결단을 내리는데 도움을 주었을 뿐 아니라 그로 하여금 앞으로 닥칠 어려움에 대비하게 했다. 사역에 있어서 적절한 시기가 중요한데, 마게도니아는 바울의 사역에 알맞게 준비되어 있었다. 그러나 하나님께서 환상을 주시기 전까지는 마게도니아는 분명 바울의 계획 일정에서 빠져 있었다. 마게도니아에 도착하자마자 바울은 매를 맞고 감옥으로 던져졌다. 바울과 실라가 족쇄를 차고도 하나님을 찬양하여 간수를 구원함으로 위대한 사역의 시작을 이루었던 것은 아마도 이런 어려움 가운데 그가 분명하게 환상으로 받은 지시를 기억할 수 있었기 때문이었을 것이다.

오늘날 예언 사역에 열려있는 많은 사역자들이 그들 삶에 나타난 하나님의 구체적인 인도하심에 대해서 비슷한 간증을 한다. 예수님께서 지시를 내리실 수 없다면 교회의 머리가 되실 수 없다. 종종 예수님께서는 예언과 지식의 말씀과 지혜의 말씀과 꿈과 환상을 통해서 그 일을 하신다. 영적 성숙이란 하나님께서 그가 원하시는대로 자유롭게 말씀하시고 이끌실 수 있으며, 또한 그가 구체적인 지시를 하지 않으실 때에도 우리가 해야 하는 것들을 할 수 있을 만큼 지혜롭게 되는 것을 뜻한다.

많은 이들이 영적인 성숙의 두 번째 부분을 불경한 것이라고 혼동한다. 그들은 만일 하나님께서 분명하게 말씀하시지 않은 것들을 하게 되면 우리 마음대로 결정하고 하나님께 축복을 바라는 것이라고 느낀다. 물론 그렇게 하는 많은 사역과 교회들이 있다. 그들은 하나님의 뜻을 구하지도 않으며 그 분의 지시를 전혀 들을 수 없다. 하지만 하나님께서 우리가 자발적으로 행동하기를 원하시는 영적인 성숙의 단계가 있다.

우리 자녀들에게 있어서도 마찬가지이다. 내가 내 딸에게 친구에게 전도하라고 말을 해서 그녀가 순종한다면, 나는 흐뭇해 할 것이다. 하지만 그녀가 자발적으로 전도를 했다면 나는 훨씬 더 기쁠 것이다. 딸의 순종도 나에게 중요하지만, 그녀가 스스로 그 옳은 행동을 하게될 때 나는 그것이 진정 그녀의 마음에서 우러나왔다는 사실을 알게 된다. 그것은 단순한 순종보다 나에게 더 큰 기쁨이 될 것이다.

하나님과의 관계에서도 그렇다. 하나님께서는 언제나 왕의 왕이시며 주의 주이시다. 우리는 언제나 그 분의 권위아래 있게 될 것이다. 그러나 그 분께서는 그 분 밑이 아니라 그 분과 함께 다스리도록 우리를 준비시키실 것이다. 우리에게 일일이 지시를 하시지 않아도 우리가 옳은 일을 하는 것을 보고 하나님께서는 기뻐하신다.

성경은 마지막 때에 이전에 없었던 매우 큰 어려움이 닥칠 것이라고 증거한다. 교회가 생긴 이래 그 어느 때보다도 예언과 지식의 말씀과 지혜의 말씀과 분별의 영을 필요로 하게 될 것이다. 우리가 굳게 서고 원수의 계략에 맞서기 위해서 그것들이 필요할 것이다. 사역에 있어서도 더 많은 정확성과 효율성을 필요로 하게 될 것이다. 우리가 하나님의 뜻을 알지 못한다면 아무리 올바른 교리를 가지고 있다고 해도 소용이 없을 것이다.

### 하나님이 주시는 이적의 의미

이적과 기사는 장난감이 아니라 도구이다. 물리적인 이적과 같이 영적인 이적도 우리를 인도하기 위한 것이다. 성령의 나타나심이 교회에 두루 나타날 때 우리는 하나님께서 그것을 통해서 무엇을 말씀하시는지를 물어야 한다.

교회 역사를 통해서 요즘 흔히 "성령 안에서 죽임을 당한다(being slain in the Spirit)"고 불리는 현상들이(역자 주: 성령의 임재에 의해서 사람들이 쓰러지는 현상) 기록되어 있다. 어떤 것들은 가짜일지 모르지만, 많은 경우 분명히 꾸민 것이 아니다. 성령님께서는 사람들을 바닥에 쓰러뜨리시고 어떤 경우에는 몇 시간 동안 꼼짝할 수 없게 두시면서 실제로 사람 가운데 운행하신다.

그러나 하나님께서는 재미로 사람들을 쓰러뜨리시는 것이(slaying people) 아니다. 그와 같은 성령의 나타나심에는 중요한 의미가 담겨 있다. 하나님께서는 우리를 단지 변화시키려고 하시는 것이 아니라 죽이려는 것이다. 우리가 성령 안에서 행하기 위해서는 우리 자신과 세상에 대해서 죽어야 한다.

1970년대에 또 다른 흥미로운 영적인 현상이 많은 교회를 휩쓸기 시작했다. "다리 늘어나기"라고 불리는 강한 기름 부으심이 있었다. 많은 이들이 한쪽 다리가 짧거나, 혹은 다리가 아니라 좌골에 이상이 있어서 생기는 허리 병을 앓고 있었다. 나를 비롯한 짝 다리나 좌골에 이상이 있던 많은 사람들이 기도를 받고 곧바로 치유를 받았다. 다리가 늘어나는 기적은 정말 재미있는 일이었으며, 어떤 기적들은 정말 대단한 구경거리였다. 그럼에도 불구하고 하나님께서 그 특별한 이적을 통해서 전하시려고 했던 메시지를 많은 사람들이 놓치고 말았다. 그 메시지는 바로 그리스도의 몸이 불균형을 이루고 있다는 것이었다. 하나님께서는 우리의 몸을 바로 잡으셨던 것처럼 영적인 불균형을 바로잡을 동일한 기름부음을 주시기를 원하셨던 것이다.

오늘날 지식의 말씀의 은사가 점점 더 구체적으로 일어나고 있다. 몇 년 전에 한 집회에 참석했던 열 명의 심장병 환자가 기도를 받기 위해서 일어나 모두 치유되는 엄청난 일이 있었다. 그런 일은 여전히 놀라운 일이지만 이제는 그리 대단한 일이 못된다. 때로는 열 명의 이름을 부르고 그들이 얼마 동안 병을 앓고 있었는지 그리고 수술을 몇 번 했는지 그리고 하나님만이 아실 수 있는 비밀한 일들과 같은 세밀한 사항들까지 말할 수 있는 사역자들이 지금은 많이 있다.

이러한 초자연적인 현상은 어떤 개인이 뛰어나서 그런 것이 아니라 하나님께서 주시는 신호이다. 마지막 때가 다가올수록 우리는 하나님의 구체적이고 정확한 말씀을 듣는 능력을 극대화 해야 한다. 예전에 성령의 음성에 순종하는 정도로는 부족하다. 모든 교회가 하나님의 음성을 이전보다 좀더 분명하고 정확히 들을 수 있어야 한다.

## 제4부 예언사역

"내가 네게 이 경계로써 명하노니 전에 너를 지도한 예언을 따라 그것으로 선한 싸움을 싸우며"

디모데전서 1:18

## 예언과 영적 전쟁

*"내가 네게 이 경계로써 명하노니 전에 너를 지도한 예언을 따라 그것으로 선한 싸움을 싸우며"* 디모데전서 1:18

라고 바울은 디모데를 권면했다. 바울은 디모데에게 그에 관한 개인적인 예언이 원수와 싸우는 데에 도움이 될 것이라고 말했다. 이것은 이 세상의 마지막이 가까워질수록 더욱 중요하게될 개인적인 예언의 한 양상을 반영해 주고 있다.

나는 나에게 커다란 힘이 되고 원수의 공격에 대적하는 데에 도움이 되었던 많은 예언들이 받았다. 어떤 경우에는 그 예언은 원수가 빼앗으려고 하는 하나님의 약속에 관한 것일 때도 있었다. 한 번은 하나님께서 나에게 곧 이루어질 어떤 약속에 대해서 나에게 말씀해 주셨다. 다른 두 사람이 나에게 전화를 해서 원수가 하나님이 나에게 주신 약속을 빼앗을 것이라고 예언해 주었다. 나는 그 경고를 심각하게 받아들이고 공격에 대비했다. 그 일은 한 달이 지나지 않아서 일어났으며 생각했던 것보다 큰 공격이었지만 나는 그 공격을 충분히 막아 낼 수 있을 정도로 강건해져 있었다. 그 공격은 실패로 돌아갔으며 몇 달 후에 하나님의 약속의 성취를 볼 수 있었다. 그 경고가 없었더라면, 강력했던 원수의 공격을 견뎌낼 수 없었을 것이다.

## 원수의 맹공격

내게 있어서 가장 큰 원수의 공격은 10년 이상에 걸쳐서 일어났으며 실제로 개인적인 예언 때문에 그것에서 벗어날 수 있었다. 그리스도인이 되기 전 나는 초자연적인 것을 전혀 부인했던 유물론자였다. 내 친구 몇이 나에게 자신들이 귀신에 들리는 것을 보여주겠다고 말했을 때, 그들이 마약을 너무 많이 해서 그렇다고 생각했다. 그러던 어느 날 밤 나는 그들의 모임에 가서 그 귀신들을 눈으로 목격했다. 그것은 매우 충격적인 일이었을 뿐 아니라 나는 그들이 무엇이든 간에 사악한 것이므로 그들을 멀리해야 겠다고 생각했다. 그러자 이 귀신들이 며칠에 한 번씩 나에게 나타나기 시작했으며, 내가 그들의 것이며 그들로부터 벗어날 수 없다고 말하곤 했다. 한 친구에게 이것을 이야기했더니 그녀는 곧바로 "예수의 이름을 사용해"라고 말해주었다. 그래서 다음날 귀신들이 나타났을 때 나는 예수님의 이름을 사용했으며, 정말로 귀신들이 겁을 집어

먹은 듯 도망갔다. 그 후로 성경을 사서 그렇게 사악한 것들을 쫓아 낼 수 있는 예수라는 분이 어떤 분인가를 알아보겠다고 마음먹었다.

이것이 나의 회심의 계기가 되었다. 처음에 나는 정말로 초자연적인 세계 전부가 매우 이상한 불가사의라고 생각했으며, 예수님은 "좋은 쪽으로 불가사의 한 것"이고 다른 것들은 "나쁜 쪽으로 불가사의 한 것"이라고 생각했다. 그것이 그 당시 나의 신학의 한계였다(하지만 올바른 신학을 가지고 있는 지금보다 그 때 훨씬 더 많은 사람을 주님께로 인도할 수 있었다).

회심 후에 나는 열정적으로 주님을 사모했다. 나는 일 주일에 40시간 이상 성경을 공부했으며 공부를 위해서 아르바이트만으로 생계를 유지해야 했다. 나는 점차 내가 저질러왔던 많은 죄들을 끊기 시작했다. 성경을 공부하면 할수록, 예수님을 알게 된 것에 대해 더 감사하게 되었다. 하지만 그 때 그 귀신들이 다시 나타나기 시작했으며 나는 하나님의 사람이 아니라 자기들 것이라고 말했다. 나는 예수의 이름을 사용했다. 하지만 귀신들은 잠시 물러났다가 다시 와서 계속해서 나를 집요하게 괴롭혔다. 예수님을 배우는 즐거움은 내가 정말로 하나님의 사람이 아닐지도 모른다는 생각으로 바뀌었다. 우울증이 심해지면서 귀신들이 더 자주 나타났다. 얼마 지나지 않아서 나는 잠을 잘 수 없었고 죽고 싶은 생각이 들었다. 일생 동안 한 번도 자살을 생각한 적이 없었지만 그 때는 하마터면 자살을 할 뻔했다. 내가 하나님의 사람이 아니며 악한 영의 것이라는 생각에 견딜 수가 없었다.

어느 날 밤 방에서 인기척을 느끼고 일어났다. 나는 귀신인 줄 알고 보려고 재빨리 돌아누웠는데 이번에는 주님이 와 계셨다. 그 분은 내 방석 바닥에서 떠올라 서 계셨다. 그 분은 아무 말씀도 하시지 않으시고 그저 물끄러미 나를 바라 보셨다. 내가 그 분의 눈을 보았을 때, 그 눈은 사랑으로 가득차 있었다. 나는 그 분이 나를 사랑하시며 나는 그 분의 것이라는 것을 깨달았다. 그 분은 내 쪽으로 걸어오시더니 내 위를 지나 벽을 통과해서 지나가셨다. 일 분도 채 안 되는 일이었지만 그것은 그 귀신들이 나에게 집어넣었던 모든 두려움을 지워버렸다. 우울증은 사라졌으며, 그 후로 그 귀신들은 십 년 동안은 다시 나타나지 않았다.

## 지옥으로부터 온 계시

내가 사역에 들어와 목회를 시작하려고 했으나 처참하게 실패하고 말았다. 나는 사역에 너무 몰두한 나머지 주님과의 관계를 거의 잊어버리고 있었다. 비행 조종사였던 나는 주님을 구하고 그 분과의 개인적인 관계를 다시 세울 수 있는 시간을 갖기 위해 다시 조종사 일을 구하였다.
나는 내 사역의 미성숙으로 내가 목회 했던 사람들에게 일으켰던 문제들에 대한 큰 죄책감에 대해서 고민하고 있었다. 그 사람들 중 어떤 무리가 내게 와서 내가 목회 했던 도시로 돌아와서 그들을 만나 달라고 말했다. 나에 대한 "중요한 계시"를 받았다고 했다. 나는 그 도시로 가서 그들을 만났으며 내가 거짓 선지자였다는 그들의 "계시"를 들었다. 그 사람들은 나를 거짓 선지자라고 몰아 붙이면서 내게 있었던 은밀한 죄에 대한 지식의 말씀을 가지고 있다고 주장했다. 하지만 그들의 "계시"는 사실이 아니었다. 나는 그들이 전에 귀신이 나에게 말했던 것과 같은 말을 하고 있음을 알았다. 하지만 그런 실패를 경험하고 나니 그 귀신의 옳았을 지도 모른다고 느껴지는 것 같았다.

집으로 돌아오면서 모든 나무는 그 열매로 알리라는 성경 말씀을 곰곰이 생각했다(마태복음 7:15-20). 그리고 나의 사역의 열매들을 바라보기 시작했다. 결코 좋은 열매들이 아니었다. 내게 보이는 열매들이라곤 하나님의 자녀들에게 상처와 상심만을 안겨 준 것뿐이었다.

나는 너무 짓눌려서 내 삶과 사역에서 나온 좋은 열매들은 하나도 볼 수가 없었다. 내가 주님께로 인도했던 이들 중 많은 이들이 주님과 여전히 동행하며 신앙 생활을 잘해나가고 있었음에도 나는 그들을 잊고 있었다. 나에게는 오직 나쁜 것들만 보였다.

그 때 나를 덮쳤던 무력감은 내가 십 여년 동안 겪었던 것 보다 더 큰 것이었다. 만일 그 때 내 아내가 비행기에 타고 있지 않았더라면 비행기를 일부러 추락시켰을 것이다. 그것은 보통 있는 우울증이 아니었다. 그것은 초자연적인 것이었으며 나는 그것을 더 이상 도저히 견딜 수 없었다. 나는 죽기만을 간절히 바랬다. 줄리와 내가 우리 아파트에 도착했을 때 외과 의사이며 지금 교회의 목사님이신 나의 친한 친구 닥의 트럭이 있는 것을 보았다. 그는 우리를 기다리고 있었으며 우리가 도착하자마자 트럭에서 뛰쳐나왔다. 그는 우리에게 인사도 나누지 않고 대뜸 이렇게 말했다. "자네가 랄레이에서(우리가 방금 돌아온 도시의 이름) 무슨 말을 들었는지는 모르지만, 그 말씀은 하나님이 하신 것이 아니라네."

그 전날 밤 닥과 교회의 모든 성도들이 하나님의 임재를 경험하고 있었다. 하나님께서는 그들에게 단 한가지를 말씀하셨는데, 그것은 랄레

이에서 원수가 나에게 어떤 말을 할 것이며 그들이 내가 그것을 받아들이지 못하도록 곧바로 경고하라는 것이었다. 닥은 우리가 사는 아파트 밖에서 인내심을 가지고 앉아 있었으며 내가 올 때까지 기다릴 작정이었다. 그 사람들이 나에게 한 말을 내 아내에게도 이야기 않았기 때문에, 닥이 아니라 교회의 어느 누구도 내게 일어난 일을 알지 못하리라는 것을 알고 있었다. 닥이 어젯밤 모임에서 주님이 하신 말씀을 나와 나누었을 때, 우울증은 곧바로 말끔히 사라졌다. 나는 진정으로 교회가 성령에 민감했기 때문에 나의 목숨을 구할 수 있었다고 믿는다.

### 블랙홀을 피하라

몇 년이 지난 후에 그 공격에 이용을 당했던 그 사람들이 우리 집회에 참석하기 시작했다. 정말로 나는 그들을 보게 되는 것을 기쁘게 생각했다. 왜냐하면 우리의 싸움을 육이나 혈이 아니라 정사와 권세에 대한 것이기 때문이다. 그 사람들은 사탄이 그들의 상처를 통해서 문을 연 것으로 인해 단지 그에게 이용당한 것이라고 항상 생각해 왔다. 우리는 집회 동안 좋은 교제를 나누었는데, 나는 그들에게서 불편하게 느껴지는 무언가를 발견하게 되었다. 첫째로 나는 그들이 나의 예언자 친구 중 하나에게 그가 가진 상처와 외로움을 이용해서 다가가려는 것을 보았다. 좋지 않은 징조가 분명했다.

하나님이 이 사람들을 보내신 것이 예전에 문제들을 처리하기 위해서 보내신 것인지 아니면 그들로부터 오는 또 다른 공격의 시작인지 고민하고 있을 때, 마헤쉬 사브다가 이야기를 하려고 나를 찾아왔다. 그는 원수가 동쪽으로부터(랄레이는 우리가 있던 곳에서 동쪽에 위치해 있었다) 공격을 해 올 것이며 그 공격은 마치 과거의 상처를 치유해 주려는 것처럼 다가 올 것이라고 말했다. 마헤쉬는 그것이 그들이 용서하기를 거부했기 때문에 생긴 "블랙홀" 이라는 것을 알아챘다.

나는 마헤쉬가 한 말을 매우 분명히 느낄 수 있었지만, 하나님께서는 그것을 더욱 확실히 해 줄 표적에 대해서 말씀하시기까지 하셨으며, 그 표적은 이루어졌다. 얼마지나지 않아 그 사람들의 쓴 뿌리가 드러났으며, 그것이 사실은 원수가 나를 그들의 "블랙홀"에 끌어들이려는 술책이었음이 밝혀졌다. 내가 또 다시 그들을 받아들일 수 있을까? 나는 그렇게 할 것이다. 나는 어느 누구도 포기해서는 안 된다고 생각한다. 그들이 어떻게 해서 꾀임에 빠져 쓴 뿌리를 그들 안에 두게 되었는지는 모르지만, 나는 그들을 형제와 자매로 여긴다. 하나님의 능력은 그들을 회복시키고 구원할 수 있다. 그래서 나는 어느 누구도 포기하지 않을 수 있는 은혜를 받기를 기도한다. 그렇다면 나는 왜 그들이 구원받을 때까지 붙들지 않았을까? 어떤 이들에게는 그렇게 하는 것이 "영적인" 일이라고 느낄 지도 모르지만 하나님께서는 분명히 예언의 말씀을 통해서 그것을 하지 말라고 분명히 말씀하셨다. 그 일은 수 년 동안, 아니 어쩌면 계속해서 나를 괴롭혔을 것이다. 나는 그들을 위해서 계속 기도할 것이지만 그들을 치유하도록 하나님께서 부르신 사람이 내가 아니라는 사실을 알고 있다.

## 방어적 예언

마지막 때에 교회에 있어서 가장 큰 공격 중의 한 가지는 거짓 형제들로부터 오게 될 것이다. 거짓 목자나 거짓 선지자나 거짓 교사만 있는 것이 아니라 거짓 형제도 있다. 그들은 변화나 생산의 열매도 없이 목회자의 시간과 정력과 자원의 90 퍼센트를 소비시키며 자녀들의 떡을 훔치기 위해서 보내진 자들이다. 파수꾼이며 목자인 우리들은 이러한 영적인 함정을 찾아내어 그것들을 피하는 방법을 알아야 한다. 거짓 형제들은 이기심과 자기 연민의 블랙홀이다. 우리가 그들을 알아보지 못하고 회개에 합당한 열매를 맺지 않는 그들에게 계속해서 사역을 한다면 그들은 자녀들의 떡을 훔쳐갈 것이다.

예언은 환상이나 꿈으로 오는 경고처럼 다양한 방법으로 영적 전투에 사용 될 수 있다. 요셉이 헤롯을 피하기 위하여 아기 예수를 이집트로 데리고 간 것도 여기에 해당한다. 동방박사들도 이같은 방법으로 예루살렘으로 돌아가지 말라는 경고를 받았다. 나의 예언자 친구 중의 하나는 감사를 피하기 위해서 국세청 직원에게 어떻게 말하면 되는지에 대해 하나님의 음성을 들은 적이 있다. 그가 속이고 있지는 않았지만, 원수는 대대적인 감사를 통해서 그의 사역을 몇 달 동안 묶어 둘 작정이었다. 다행히 그는 그것을 피할 수 있었다.

밥 존스는 몇 번이나 나에게 전화를 걸어서 우리 아이들에 대한 공격에 대해서 이야기 해 주었다. 그는 나에게 어떻게 기도를 하면 그 공격을 이길 수 있는지 말했다. 그와 폴 케인은 우리 직원들에게 닥칠 구체적인 공격을 미리 알고 그것을 방해하는 데 도움을 주기도 했다. 때때로 우리는 사람들과 너무 가까이 있기 때문에 그들을 정확히 보지 못한다. 그래서 가족이나 사역의 외부에 있는 사람들이 전해 주는 말이 큰 도움이 될 수 있다.

예언의 목적 중의 한 가지는 미래에 어떤 일이 닥치든지 그것에 대비하도록 교회를 준비시키는 것이다. 우리는 영적인 전투에 대비해야 하는 것처럼 부흥에도 대비해야 한다. 마지막이 다가올수록 그리스도의 몸 전체를 섬길 수 있는 믿을 만한 예언 사역의 필요성이 커지고 있다.

이 책에서는 나의 예언사역의 경험에 대해서는 더 자세히 다루지 않을 것이다. 왜냐하면 그것만을 다루게 될 다음 책을 계획하고 있기 때문이다. 그렇다하더라도 다음 장에서 도움이 될 것이라고 생각되는 한 가지 경험을 나누고자 한다.

## 예언과 역사가 만날 때

주님으로부터 받은 분명한 예언의 말씀은 매우 힘든 상황에서 견딜 수 있는 힘과 어려운 결정을 내릴 수 있는 용기를 줄 수 있다. 안디옥에서 바울과 바나바가 그랬던 것처럼, 사역에 대한 분명한 예언을 통해서 부르심을 받게 되면, 겪게 될 어려움과 반대를 무릅쓰고 계속해서 전진하는데 도움이 된다.

예언의 잘못된 해석으로 사용이 올바르지 않으면 문제를 일으킬 수 있다. 하나님께서 어떤 일을 이루실 것이라는 계시를 받았지만 내가 그것을 이루려고 했을 때 실패했던 경우가 몇 번 있었다. 얼마 후에 다른 사람이 와서 그 말씀을 이루는 것을 보았다. 결국 내가 받았던 많은 예언의 말씀과 환상들은 다른 이들이 이루기 위한 것이었음을 깨닫기 시작했다.

그 다음에는 나는 다른 한 쪽으로 치우치게 되었다. 내가 받은 모든 말씀을 다른 사람이 이룰 것이라고 생각한 나머지, 하나님께서 나를 통해서 이루시기를 원하시는 말씀까지 놓쳐 버리기 시작한 것이다. 그 차이를 어떻게 구별할 수 있을까? 어떻게 하면 적절한 시기를 분간할 수 있을까? 그렇게 되려면 성숙해야 하며 성숙은 오직 경험을 통해서 이루어진다. 그리고 그러한 경험은 실수를 동반할 경우가 많다.

안타깝게도 실패를 경험한 후 계속해서 자신의 길을 지켜 가는 이들은 많지 않다. 하나님께서 천국의 열쇠를 가장 실수가 많은 것 같은 제자에게 주신 것처럼 실수를 가장 많이 하는 사람이 가장 위대한 영적인 부흥을 일으키는 데에 하나님께 쓰임을 받게 될 때가 많다. 그럼에도 불구하고 큰 실수들을 피하는 데에 도움을 줄 수 있는 예언 은사의 미묘한 차이를 분별할 수 있는 또 다른 방법이 있다. 즉, 우리는 더 큰 은사를 구하는 것 만큼 지혜의 말씀의 은사를 구해야 한다. 솔로몬은 그것을 다음과 같이 이해했다.

> "집은 지혜로 말미암아 건축되고 명철로 말미암아 견고히 되며또 방들은 지식으로 말미암아 각종 귀하고 아름다운 보배로 채우게 되느니라" 잠언 24:3-4

여기서 우리는 지식은 집을 채우지만 지혜는 집을 세운다는 것을 알게된다. 예언의 은사와 사역은 단지 사람들을 모으기 위해서 사용되는 것이 아니다. 어떤 은사를 통해서 사람들을 모으고 사역을 세우려고 하는 것은 위험한 실수이다. 우리는 예수님에게로 사람들을 모아야하며 오직 우리와 그 분과의 관계에만 의존해야 한다. 은사들은 모두 그 사람들을 그 분께로 가까이 이끌기 위해서 사용되는 것이지 우리에게 이끌기 위함이 아니다.

우리의 목적은 언제나 그들이 하나님의 성전으로 지어져 가도록 이끄는 것이다. 그러기 위해서는 지혜의 말씀이 필요하다. 성령의 모든 은사가 초자연적인 것처럼, 지혜의 말씀도 그러하다. 지혜의 말씀이라는 것은 단지 지식적이거나 상식적인 말을 의미하지 않는다. 이 은사는 인간의 능력을 초월하는 지혜이다.

초자연적인 지혜의 말씀은 지식의 말씀처럼 신기하게 보이지 않을 수도 있지만 교회에 대한 하나님의 목적과 뜻을 아는 이들에게는 이 지혜의 말씀이 훨씬 더 소중할 수도 있다. 사람들이 성전으로 지어져 가지 않는다면 그들을 불러모으는 것이 무슨 소용이 있겠는가? 대부분의 모임들은 산돌이 무더기로 쌓여 있는 것에 불과하다. 그 돌들을 쌓아 올려야 하며 그러기 위해서는 이 은사의 특별한 역사가 필요하다.

### 예언에 관한 일화

다음은 하나님께서 나를 부르신 사역 안에 내가 어떻게 예언적으로 들어오게 되었는지에 관한 이야기이다. 내가 이 이야기를 나누는 이유는 예언 사역의 실제적인 유익을 설명할 뿐 아니라 내가 저지른 실수를 지적함으로 그것들을 피할 수 있도록 하기 위해서이다. 1981년 내 아내 줄리와 나는 미시시피 잭슨에 있는 아주 작은 교회에 나가고 있었다.

그 때 하나님께서는 나에게 예언 사역을 위한 교육관과 성전에 대한 비전을 주셨다. 내가 과거에 받았던 비전들이 실패한 적이 있었기 때문에 나는 내 비전은 이 교회를 위해서 주신 것이라고 생각했다. 그러나 내가 그 이야기를 교회 앞에서 했을 때, 그들은 내가 다른 나라 방언을 하는 것처럼 나를 쳐다보았다.

그러는 동안 하나님께서는 그 비전의 다른 면들을 계속 보여주고 계셨다. 하나님께서는 나에게 앞으로 올 사도적 권위에 대해서 가르치기 시작하셨고, 안디옥에서처럼 선지자와 교사들이 함께 그 분을 경배하는 법을 배우기 전까지는 온전한 사도의 권위를 받지 못할 것이라고 경고하셨다. 곧 나는 이것에 대해서 열정을 느끼게 되었다. 하지만 그 작은 교회에 그것에 대해서 이야기 할 수록, 더 큰 혼란만을 일으킬 뿐이었다. 마침내 나는 그 비전이 그들이 아니라 나를 위한 것임을 알게 되었다.

그런 다음은 나는 그 비전에 대한 또 다른 실수를 저지르기 시작했다. 땅을 매입해서 정원을 만들고 교육관을 지으려 하고 있었다. 어느 날 나는 트랙터를 타고 기도하면서 일을 하고 있었다. 나는 그 때 하나님께 그 땅이 너무 좋으며 교육관을 하루 빨리 지었으면 좋겠다고 말씀드리고 있었다. 그 때 나는 강한 하나님의 임재를 느꼈으며, 그 분께서 나에게 말씀하시기 시작했다. 하나님께서는 그 땅이 좋기는 하지만 교육관을 위한 땅은 아니라고 말씀하셨던 것이다.

너무도 충격적인 일이었다. 하나님께서는 노스캐롤라이나에 있는 산으로 갈 것과 전임사역으로 돌아 갈 것에 대해서 말씀하시기 시작하셨다. 하나님께서 처음에 예언 사역을 위한 교육관과 성전에 대한 비전을 주셨을 때 너무 흥분한 나머지 장소와 시기에 대해서는 묻지 않았던 것이다. 그러한 지혜가 부족했기 때문에 내가 치루어야 했던 대가는 매우 비싸고 고통스러웠다. 나는 그동안 그렇게 열심히 일했던 땅을 바라보았을 때 곧 맥이 풀려 버렸다. 그 당시 사업이 잘 되고 있었는데, 그 사업을 했던 유일한 이유는 교육관 건립 자금을 마련하기 위한 것이었기 때문에, 더 이상 사업을 하고 싶은 마음도 사라졌다. 그러나 이제 그 사업이 크게 성장했기 때문에 쉽게 그만 둘 수도 없었다.

하나님께서는 지금 내가 하고 있는 항공 운송 사업보다 훨씬 더 큰 출판업을 주시겠다고 말씀하셨다. 사업을 하나님께 바치면 하나님께서 알아서 하시겠다고 말씀하셨다. 하나님께서는 말씀대로 행하셨다. 나도 모르는 사이에 그 사업은 번제단의 연기처럼 사라졌다. 때를 따라 주시는 하나님의 말씀이 있음에도 그 일이 있고 난 후 나는 사역을 시작하기를 망설였다. 처음 사역에 처절한 패배를 맛본 나는 다시는 사역을 하고 싶지 않았다. 내가 하고 있던 사업의 전망은 밝았다. 그 일을 하면서 사역도 함께 할 수 있었다. 그래서 나는 계속해서 사업을 하려고 했다.

그 일이 있던 주일에 서로 다른 지역에 있던 두 사람이 같은 예언을 가지고 나를 찾아 왔다. 그 예언은 내가 사역으로 돌아가지 않으면 하나님께서 그 일을 다른 사람에게 맡기시겠다는 내용이었다. 그 두 사람은 서로 모르는 사이였기 때문에 나는 그것이 하나님으로부터 온 것이었음을 알았다. 나는 곧바로 모든 사업을 내려놓고 전임 사역을 하기로 결심하고 노스캐롤라이나로 이사를 했다.

1987년 9월 동산의 두 나무(There Were Two Trees in the Garden)라는 책을 출간했으며 교회들로부터 강연 초청이 들어왔다. 그 중 몇몇의 초청에 응하여 마침내는 몇몇 다른 주들에 있는 교회에서 강연을 하게 되었다.

나는 기독교 잡지나 텔레비전을 수년 동안 보지 않았기 때문에 그리스도의 몸인 교회들 가운데 무슨 일이 일어나고 있는지 모르고 있었다. 나는 다양한 교회를 방문하게 되면 그것에 대해서 약간은 알 수 있을 것이라고 생각했다. 정말 그랬다. 나는 내가 발견한 것에 대해서 충격과 깊은 실망을 금할 수 없었다. 또한 처음 집회 여행 중에 나의 기름부음이 적은 것에 대해서도 놀랐다. 내가 가는 곳마다 보았던 혼란과 방황에 필요한 해답을 내가 줄 수 없을 것이라는 것을 알았다.

여행에서 돌아온 나는 하나님께서 나의 길을 인도해 주실 것을 구하면서 다시 공부를 시작하고 그리스도의 몸을 위해 기도했다. 곧바로 나는 환상을 보았다. 이틀하고 반나절 동안 내가 이전에 생각지 못했던 위대한 일들이 벌어지는 것을 하나님께서 보여 주셨다. 그 때 보았던 것이 바로 추수의 환상이라는 것이었다. 그 환상은 내가 앞으로 무엇을 해야 하는지에 대한 해답을 주지는 않았지만, 하나님의 마지막 때의 사역에 내 자신을 다시 한 번 헌신 할 수 있게 해주었다. 나는 교회가 어떻게 지금의 상태에서 환상으로 보았던 그 단계로 갈 수 있는 지는 알지 못했지만, 그 환상을 통해서 그것이 일어나리라는 확신을 갖게 되었다.

## 노스캐롤라이나

나는 하나님께서 나를 노스캐롤라이나에 있는 산으로 부르셨다는 것을 알았다. 그래서 그 곳에서 머물 집을 찾기 시작했다. 나의 오랜 친구인 해리 비젤이 우리가 산 속에 있는 집을 구하기 전까지 샤를롯에 있는 기도원에서 지내도록 해주었다. 우리가 샤를롯에 도착했을 때, 하나님께서는 내가 그곳에 한 동안 머물 것을 보여 주셨는데, 이는 그가 우리들에서 뿐만 아니라 성읍에서도 축복하시려고 했기 때문이다(신명기 28:3을 보라).

하나님께서는 성읍에서 우리를 축복하셨다. 우리는 미시시피에 아름다운 집과 땅을 두고 떠나서 좁은 오두막에서 살게 되었지만, 그 어느 때보다도 행복했다. 곧이어 감당 할 수 없이 많은 강연 초청을 받았다. 또한 다가오는 대 추수의 비전을 함께 하는 하나님의 사람들을 만나기 시작했다. 제임스 로빈슨과 티 디와 더들리 홀 도 그 때 처음 만났던 사람들 중 하나였다. 제임스는 잭 디어라고 불리는 사람을 만나야 한다고 했다. 제임스가 나에게 잭에서 대해서 말했을 때, 또 한편 성령께서도 내가 잭을 반드시 만나게 될 것이며 그는 마지막 교회에 위대한 교사 중 하나가 될 것이라고 말씀하고 계셨다.

몇주 후에 나는 미네소타에서 마이크 비클을 만났다. 그는 잭 디어와 밥 존스와 함께 노스캐롤라이나를 방문하러 왔다. 잭에 대해서는 기도하며 마치 그를 이미 알고 있는 것처럼 생각 했었지만, 밥을 만난 것은 충격적인 일이었다. 우리가 악수도 하기 전에 그는 벌써 하나님께서 알려 주시지 않았다면 알 수 없는 나와 나의 가족에 관한 일들을 말하기 시작하는 것이었다. 그날 밥이 나에게 나눈 이야기들은 이전의 받았던 어떤 예언 사역보다도 세밀하고 깊이 있는 내용이었다. 나는 그가 모든 예언을 즉석에서 받는 것이라고 생각 했었는데, 나중에 마이크는 그가 수 년 전 나에 대한 꿈을 꾸어 오고 있었다고 설명해 주었다. 하지만 그의 은사는 이전 내가 보아왔던 어떤 것보다도 높은 수준의 것이었다. 매우 놀라운 일이었지만 앞으로 벌어질 예언 사역에 비한다면 그것은 아주 미약한 시작이었다.

밥의 예언은 격려뿐만 아니라 말할 수 없이 소중한 도움을 주고 있는 것들을 깨닫게 해주었다. 원수가 나의 사역을 방해하는 것에 관해서 그 날 그가 나누었던 이야기 중 단 한가지가 내가 그 동안 깨달았던 어떤 것보다도 내가 사역을 계속해 나가는 데에 많은 도움을 주었다. 밥은 과거에 사탄이 어떻게 같은 전략을 가지고 나를 공격했었는지 정확히 알고 있었기 때문에 그를 더 신뢰할 수 있었다. 밥은 사탄이 앞으로 어떤 전략을 세워서 나를 공격할 것인지에 대해서 자세히 말해 주었는데, 그것이 그대로 이루어졌다. 그러나 이 번에는 내가 그를 기다리고 있었다. 처음으로 기습을 당하는 것보다 기습을 하는 것이 더 신나는 일이라는 것을 알게 되었다.

몇주 후에 그는 나에게 전화를 걸어서 내가 산으로 갈 것인지를 물었다. 나는 그렇다고 말했다. 그는 내가 가게 될 정확한 장소를 꿈에서 보았다고 말했으며, 그 장소를 자세히 가르쳐주기 시작했다. 그는 그곳은 오래된 떡갈나무들과 흰 암반의 경계에 있다고 했다. 그는 그 위로 바위산이 있었으며 다른 봉우리에는 등대가 있는 것을 보았다. 거기에는 중앙이 붉은 지붕으로 된 건물이 있었다. 하나님께서는 그에게 그것이 테네시 국경으로부터 40마일 정도 떨어져 있으며 우리가 있는 샤를롯에서는 100마일 떨어진 곳이라고 했다. 밥은 내가 릭키 스케그라는 사람을 만나게 될 것이며, 그 역시 산에 대한 마음의 부담을 가지고 있으며 그 곳에서의 사역에 동참하게 될 것이라고 말했다.

릭키 스케그라는 이름을 듣고 그런 이름을 가진 컨츄리 가수가 있었다고 생각은 들었지만, 나는 라디오나 텔레비전을 거의 청취하지 않기 때문에 확실하지는 않았다. 또 나는 밥이 아마도 다른 릭키 스케그를 말하는 것이라고 생각했다. 밥은 이름만 말했을 뿐 더 자세한 것은 붙이지 않았다. 그 일이 있은 후 곧 나는 컨츄리 가수인 릭키 스케그를 만났으며 우리는 곧 좋은 친구가 되었다. 릭키와 내가 처음으로 만나 나누었던 이야기 중 하나는 바로 산 위의 사람들에 대한 그의 부담이었다.

## 모라비안 폭포

예루살렘에서 중보 기도사역을 하고 있는 탐 헤스라는 친구가 나에게 전화를 걸어 자신이 미국 곳곳에 20 여개 정도의 작은 구획의 땅을 가지고 있으며, 그것들을 나누어 줄 계획이라고 말했다. 그는 노스캐롤라이나에 있던 땅을 우리에게 주어야겠다 생각했다. 나는 그곳이 어디냐고 물었으며 그는 모라비안 폭포라고 불리는 곳에 있다고 했다. 나는 그런 이름을 들어보지 못했다. 그래서 해리 비젤과 나는 지도를 꺼내 그 곳을 찾아보았다. 해리와 내가 테네시로부터 모라비안 폭포까지를 재어보았는데, 대략 40마일 정도 되는 것 같았다. 우리가 있던 샤를롯으로부터는 약 100마일 정도 떨어져 있었으며, 그것은 우리가 나중에 운전했을 때 계기판에 기록된 것과 거의 일치하는 거리였다. 물론 그 땅의 경계는 바위와 오래된 떡갈나무로 되어 있었다. 그 위로는 바위산이 있었다. 산 저편 정상에는 반짝이는 등대를 단 라디오 송신탑이 있었다. 그리고 그 사이에는 녹슨 붉은 양철 지붕으로 된 건물이 있었다.

탐이 모라비안 폭포가 밥이 우리에게 했던 예언과 놀랍게 일치하는 것을 듣고는 그가 그 땅의 임자를 만났다고 확신했다. 땅을 주기 위해서는 삼 인으로 된 위원회의 동의를 받아하지만, 별 문제는 없을 것이라고 말했다. 그 후에 내가 그 땅을 위해서 기도하고 있는데, 하나님께서 그 땅을 받을 때 아무런 조건을 달지 말고 받으라는 음성을 직접적으로 받았다. 얼마 있지 않아서 밥 존스를 다시 만났는데, 그는 그 땅에 원수가 보낸 분노의 영이 올 것이라고 전했다. 몇 일이 지난 후 탐이 나에게 그 위원회가 그 땅을 주기로 찬성했으나 조건이 있다고 말했다. 사실 그 조건은 우리에게 유리한 것이었지만 어쨌든 조건 인 것만은 분명했다. 나는 탐에게 그 제안을 받아들일 수 없다고 말했다. 그는 나중에야 내가 제안을 거절했다는 말을 듣고 위원회 사람들이 화를 내는 것에 충격을 받았다고 말해 주었다.

우리가 그 땅을 받지는 못할지라도 모라비안 폭포가 하나님께서 원하시는 장소라는 것을 우리는 알고 있었다. 줄리와 나는 윌크스보로 근처에 있는 작고 아담한 집을 사기로 했는데, 부동산 중개인은 우리가 제안한 가격이 집주인이 원하는 가격과 정확히 일치한다고 말했다. 그 중개인이 그날밤 계약의 성사여부를 전화로 알려 주겠다고 약속했다.

그런데 그녀에게 전화가 오기를 그녀가 집주인에게 제안을 하지 그가 아무런 이유없이 성을 내더라는 것이다. 그가 너무 화를 내서 그 부동산 회사가 그와는 거래를 하지 않기로 결정했다고 말했다. 나는 그것이 분노의 영이 한 짓이라는 것을 알았다. 하지만 나는 더 용기가 났다. 정말 영적으로 중요한 일에는 반드시 전투가 있기 마련이며, 분명 그 전투가 지금 진행 중이었기 때문이다. 그 때 행정을 담당하게된 스티브 탐슨이 모라비안 폭포를 조사하기로 했다. 나는 초기의 모라비안 운동이 초대교회 이후 가장 순수했던 하나님의 역사였다고 생각한다. 모라비안의 지도자였던 진젠도르프 백작은 "예라고 대답한 젊은 부자 청년"이라고 불리웠다. 그는 유럽에서 가장 강력한 권력을 가질 수 있었다. 하지만 그는 목사가 되는 것을 더 귀하게 여기고 독일에서는 처음으로 성직자로 안수를 받은 귀족이 되었다.

진젠도르프와 그와 함께 소그룹을 했던 친구들은 복음을 한 번도 들어본적이 없는 사람들에게 선교사를 파송하는 데 자신의 인생을 바치기로 서원하였다. 그는 진정 현대 선교의 아버지가 되었다(현대 선교의 아버지는 윌리엄 캐리라고 하지만 그 자신이 모라비안에게 영향을 받았음을 인정했다). 모라비안은 기독교 역사상 복음을 위한 희생과 헌신의 가장 위대한 모범의 하나로 남게 되었다. 어떤 이들은 서인도제도에 있는 노예들에게 복음을 전하기 위해서 스스로 노예가 되기도 했다.

모라비안은 백 여년 동안이나 선교사들을 중보하기 위해 계속해서 가졌던 기도모임으로 유명하다. 진젠도르프와 모라비안들은 찰스 웨슬리에게 영감을 주었던 위대한 찬송가들을 작곡하였으며, 웨슬리와 그의 형제인 존은 모라비안들을 통해서 주님과 더 깊은 교제를 하게 되었다.

## 비전을 쫓아서

이러한 모라비안 운동이 모닝스타 출판사와 사역에 있어서 비전의 근간이 되었다. 모라비안 운동은 다른 어떤 단체보다도 더 큰 영감을 주었다. 그래서 우리가 모라비안 폭포에 당도해서 실제로 진젠도르프 백작이 1750년에 그 땅을 샀다는 것을 알게 되었을 때 우리는 매우 흥분되었다. 그 땅은 진젠도르프가 미국 복음 전파의 전진 기지로 사용하기 위해서 샀던 만 에이커 정도되는 구획의 토지였다. 그 땅은 "와초비아 지대"라고 불렸는데, 그 말의 뜻은 기름진 땅이라는 의미였다. 그 땅을 구입했을 때, 모라비안 교회의 스팽겐버그 교주는 "우리 주 예수 그리스도"께 그 땅을 바쳤다. 그 또한 그 땅에 흐르는 물줄기가 결코 마르지 않을 것이라고 예언했으며, 그것은 이루어 졌다.

우리는 모라비안 폭포 주위의 수백 에이커의 땅을 사게 되었다. 어떤 땅은 쉽게 구입했지만, 어떤 땅은 치열한 영적인 전투를 벌여야 하기도 했다. 우리가 가장 중요하다고 여기는 46 에이커 되는 땅이 있었다. 밥 존스는 꿈을 꾸었는데, "번개로 만든 한 개의 불기둥"과 두 개의 시내와 하나님의 위대한 사람들이 모이게 될 아둘람 굴이라고 하나님께서 말씀하신 동굴을 보았다. 우리는 이것이 중요한 영적인 의미가 있다고 생각했으나, 밥은 그가 보았던 땅에 실제로 동굴이 있었다고 주장했다.

몇 달이 지나서 내가 밥을 데리고 46 에이커의 그 땅을 보러 갔을 때, 밥은 꿈에서 본 땅과 똑 같다고 말했다. 그는 동굴이 있는 곳을 가리켰지만, 나는 동굴이 있을 턱이 없다고 말했다. 그러나 다음날 우리는 정확히 밥이 가리켰던 곳에 동굴이 있음을 발견하게 되었다. 그 동굴은 한 때 철

광이었다. 우리는 아직 철이 있기 때문에 폭풍이 올 때마다 번개를 일으 킨다는 사실을 알게 되었다. 번개로 된 불기둥을 보았다는 밥의 꿈을 기 억한 나는 두 개의 시내가 있을 것이라고 확신하게 되었다. 물론 그 땅을 조사했을 때 산으로부터 두 개의 물줄기가 나온다는 사실을 발견했다. 우리는 그 땅이 우리에게 매우 중요하다는 것을 알았지만, 땅 주인은 좀 처럼 그 땅을 팔려고 하지 않았다. 그는 땅 값을 정해서 우리에게 연락을 주겠다고 말해 놓고서는, 나중에는 우리의 전화도 받지 않았다.

우리가 모라비안 폭포에서 기도모임을 하고 있던 어느 날 밤이었다. 하나님께서 이른 아침에 밥 존스를 깨우셔서 우리 땅의 경계로 올라가 우리가 그에게 주었던 지팡이로 그곳을 내려치라고 말씀하셨다. 밥이 땅의 경계를 쳤을 때, 거대한 귀신이 나타났다. 밥은 그 귀신이 우리를 훼방하기 위해서 보냄을 받은 것임을 알았다. 밥은 그 귀신이 사라질 때까지 그 경계를 내려쳤다. 바로 그 다음날 그 땅 주인이 전화를 해서 우리가 말한 그 가격 그대로 팔기를 원한다고 말했다. 그후 두 주가 지 나지 않아서 그 동안 어려움을 겪었던 모든 부동산 문제들이 해결되기 시작했다.

나는 밥이 경계를 내리쳤던 일이나 사람들이 건물 주위를 도는 일과 같은 예언적인 사건의 효능을 많이 보아왔다. 그러나 그런 행동을 하나 의 공식으로 만드는 것은 예언이 아니며 그것은 속임수에 불과하다. 밥 은 하나님께서 주신 구체적인 지시에 순종해서 그 일을 했던 것이다. 실제로 천사가 그를 깨워 그 일을 하라고 말했다. 밥이 경계를 친 후 귀 신이 나타난 것을 보고 우리는 사탄이 우리를 어떻게 방해하고 있는 지 를 알게 되었다. 그 일이 많은 도움이 된 것은 사실이지만, 그렇다고 해서 하나님을 의지하는 대신 그것을 어떤 공식이나 되는 냥 믿고 따라서는 안 된다. 그것이 바로 주술에 빠지게 되는 함정이다.

## 요약

모라비안 폭포의 일에서 보는 것과 같이 우리의 사역은 예언을 통해 많은 도움을 받았다. 그러나 많은 열매들은 예언 사역에 의해서가 아니라 하나님께서 우리에게 말씀하신 일을 행했기 때문에 이루어졌다. 하나님께서는 극적인 예언 사역을 통해서 일어난 것만 축복하고 다른 것들은 중요하지 않다고 여기는 것은 잘못이다. 역사상 가장 성공적인 사역들이 어떤 예언적인 인도함 없이 이루어졌다는 사실을 잊어서는 안 된다.

극적인 예언은 주로 그 일이 어렵기 때문에 주어지는 것이지 그 일이 중요하다는 것을 의미하지 않는다. 우리는 우리 사역이 모라비안 폭포와 연관이 있으며 그 곳에서 우리의 궁극적인 사역을 시작하게 될 것이라는 것을 알고 있다. 아마도 우리의 사역이 그토록 굳건한 예언의 토대 위에 세우심을 받았던 것은 예언자 공동체를 이루는 것이 우리의 주요한 목적 중의 하나였기 때문이었을 것이다. 그러나 우리는 지나치게 예언적인 인도하심에 의지해서는 안 된다. 그렇지 않으며 우리는 하나님을 놓치게 될 것이다. 우리는 하나님을 따르도록 부르심을 받은 것이지 예언을 따르기 위해서 부르심을 받은 것은 아니다. 예언 사역은 하나님이 우리를 이끄시는 하나의 방법에 불과하다. 우리가 어떤 일에 있어서 하나님께서 예언 사역을 사용하시기로 하셨는데 우리가 선지자의 말을 듣지 않는 다면 우리는 하나님을 놓치게 될 것이다. 그러나 우리가 선지자에게 지나치게 의존하게 된다면, 하나님께서는 우리의 잘못된 초점을 바로잡기 위해서 다른 방법을 통해서 말씀하기 시작하실 수도 있다.

내가 예언 사역의 해석과 적용을 모두 이해하게 되기 위해서 다양한 수준의 예언사역을 받는 데에 25년이 걸렸다. 그러나 나는 이제 그것들을 배우기 시작하는 단계에 있다고 생각한다. 나는 예언 사역에서의 나의 경험들을 출판하여 다른 이들이 더 빠르게 성장하고 내가 겪었던 침체를 피하는 데에 도움을 주었으면 하는 바램이다.

## 진정한 교회의 생명을 위한 기초

*그러므로 이제부터 너희가 외인도 아니요 손도 아니요 오직 성도들과 동일한 시민이요 하나님의 권속이라 너희는 사도들과 선지자들의 터 위에 세우심을 입은 자라 그리스도 예수께서 친히 모퉁이 돌이 되셨느니라 그의 안에서 건물마다 서로 연결하여 주 안에서 성전이 되어가고 너희도 성령 안에서 하나님의 거하실 처소가 되기 위하여 예수 안에서 함께 지어져 가느니라* 에베소서 2:19-22

기초 없는 건물은 있을 수 없다. 기초는 건물 전체를 지탱해준다. 기초가 무너지면 다른 어떤 것도 서 있을 수 없다. 고린도전서 3:11에서 바울을 이렇게 말했다. "이 닦아 둔 것 외에 능히 다른 터를 닦아 둘 자가 없으니 이 터는 곧 예수 그리스도라." 예수님께서는 기초뿐만 아니라 건물 전체가 되신다. 우리는 모든 것에 있어서 그 분을 향해 자라가야 한다. 모든 사역들은 예수님께서 교회에 사역하시기 위한 통로일 뿐이다.

예수님께서 자신의 교회를 세우기 시작하실 때, 그는 사도와 선지자를 먼저 세우셨다. 이 사역이 교회의 생명에 있어서 기초가 된다. 왜냐하면 그 사역은 사도요 선지자이신 예수님의 사역의 기초이기 때문이다. 예수님께서는 "우리가 믿는 도리의 사도이시며 대제사장"이시며 (히브리서 3:1) 또한 아버지가 세상에 보내신 선지자이시다(신명기 18:18-9). 우리는 하나님의 다른 많은 큰 축복을 경험할 수 있지만, 사도와 선지자의 사역이 하나님이 의도하셨던 대로 교회에 회복되기 전까지는 교회의 진정한 생명을 갖지 못할 것이다. 에베소 2:20에서 말씀하신대로 그 사역은 교회가 진정한 생명을 소유하는 데에 기초가 되는 것이다.

## 성전을 다시 세움

오늘 우리는 예언적으로 에스라의 시대에 살고 있다. 이스라엘은 정복당하고 백성들은 노예로 바빌론으로 끌려갔으며 땅과 도시는 황폐해졌다. 이것은 여러모로 지금 우리의 교회의 상황과 비슷하다. 이스라엘이 바벨론의 포로로 부터 끝나는 70년 후에 적은 무리의 남은 자들은 그들이 돌아가 무너진 하나님의 성전을 수축하리라는 비전을 받는다. 지금의 교회도 그러한 시기를 맞았다. 한 무리의 남은 자들이 우리의 영적인 유산으로 받은 땅으로 돌아와 하나님의 작정하신 영광과 뜻대로 하나님의 성전(교회)을 회복할 비전을 갖게 되었다.

남은 자들이 예루살렘에 돌아오자마자 그들은 성전의 기초를 쌓기 시작했다. 기초가 완공된 후 그들은 축제를 벌였다. 전에 있던 성전을 보지 못한 젊은이들은 기초를 보며 기대와 희망으로 매우 기뻐했다. 그러나 이전의 성전을 보았던 많은 늙은이들은 용기를 잃고 슬퍼했다. 왜냐하면 새 기초가 이전 것에 못 미치는 것처럼 보였기 때문이다(에스라 3:1-10을 보라). 같은 일이 지금도 일어나고 있다. 교회에 하나님이 작정하신 영광스럽고 찬란한 모습으로 회복시킬 기초가 세워졌다. 그러나 첫 번째 성전(초대교회)의 모습을 보았던 이전의 신자들은 지금 그들이 보는 것에 실망한다.

에스라 때에 실망하는 일들이 있었음에도 불구하고, 기초를 마치고 적은 무리가 기쁨으로 드리는 예배드리는 소리는 멀리서도 들릴 정도로 크고 우렁찼다. 그 소리는 성전 공사를 막으려는 이스라엘의 원수들을 자극 시켰다. 결국 그들은 권력(아닥사스다왕)을 등에 없고 무기의 힘으로 성전 공사를 막는데에 성공한다.

> "이에 예루살렘에서 하나님의 전 역사가 그쳐서 바사왕 다리오 제 이 년까지 이르니라 선지자들 곧 선지자 학개와 잇도의 손자 스가랴가 이스라엘 하나님의 이름을 받들어 유다와 예루살렘에 거하는 유다 사람들에게 예언하였더니 이에 스알디엘의 아들 스

> 룹바벨과 요사닥의 아들 예수아가 일어나 예루살렘 하나님의 전
> 건축하기를 시작하매 하나님의 선지자들이 함께하여 돕더니"
>
> 에스라 4:24-5:1-2

우리는 여기서 하나님의 성전 공사가 선지자들이 예언을 하기까지 중단되는 것을 보게 된다. 이것이 하나님께서 예언 사역을 다시 세우시려는 중요한 이유 가운데 하나이다. 즉 사역을 하거나 사역을 이끌어 가기 위함이 아니라 지도자로 부르심을 받은 자들을 고무하고 돕기 위한 것이다. 에스라는 그러한 일의 효능을 간결하게 증거하고 있다. 유다 사람의 장로들이 선지자 학개와 잇도의 손자 스가랴의 권면함으로 인하여 전 건축할 일이 형통한지라 (에스라 6:14).

20세기의 영적인 역사는 교회를 하나님이 원하시는 영광스러운 모습으로 회복시키려는 비전을 가졌던 사람을 중심으로 움직인다. 성경의 선조들과 같이 그런 비전을 가지고 기초를 닦고, 그것을 기뻐했다. 하지만 그런 다음 그들은 낙담하여 성전을 미완성으로 남겨둔 채 자신의 집을 지으려고 떠나가 버렸다. 하나님께서는 이 일을 마치며 그것이 완성될 때까지 곁에서 지켜보도록 부르심을 받은 이들에게 예언을 하기 위해서 예언 사역을 일으키시고 계시다. 우리는 학개서와 스가랴서에서 놀라운 방법으로 이 일이 이루어지는 것을 읽을 수 있다. 오늘날 하나님께서 일으키시는 선지자들도 비슷한 예언을 하고 있다.

## 선지자와 장로의 역할에 대한 혼동

선지와 장로의 역할을 혼동하지 않는 것이 매우 중요하다. 성서적으로 볼 때, 모세나 다윗처럼 선지자이면서 동시에 지도자인 경우는 매우 드물며, 그들은 예외적인 경우이다. 선지자는 사람들을 다스리는 자리가 아니며 오히려 다스리는 사람들을 섬기도록 부르심을 받은 이들이다. 왕에게 기름 부은 선지자들도 왕에게 복종했다.

역사적으로 교회에 있어서 가장 큰 실수와 타락은 예언 사역자들이 그들이 가져서는 안 되는 권위를 가지려고 할 때 일어난다. 성서적으로나 역사적으로 볼 때 모두 선지자들이 자신들의 권위를 넘어서려고 할 때, 곧바로 타락하고 다른 많은 이들을 실족케 하는 것은 본다. 지도자들에게 그들을 지지하고 격려해 줄 선지자가 없을 때 부패하거나 우상 숭배에 빠지게 된다. 하나님의 사역을 이루기 위해서 지도자와 선지자의 동역이 반드시 필요하다. 각자가 서로의 영역을 침범해서는 안 된다.

앞서 말한바와 같이 예언자의 기능은 건축을 격려하는 것이지 지시하는 것이 아니다. 바울이 데살로니가 교인들에게 예언을 무시하지 말라고 경고했던 것은 아마도 그들이 오늘날 많은 이들이 예언을 무시하고 있는 같은 이유로 그들이 예언을 무시하기 시작했기 때문이었을 것이다. 1) 예언 사역자들이 기이한 행동을 한다. 2) 하나님의 이름으로 말한다고 하는 많은 이들이 실제로는 "이세벨"의 영의 사역을 하고 있었다. 이 두 가지 이유를 간단히 살펴보자.

예언 사역자들은 기이한 행동을 한다. 성서적으로 선지자들은 대부분은 "정상적인" 사람이 아니었다. 그들은 일반인들에게는 흔치 않은 특이한 경험을 가지고 있으며 쉽게 말해서 이상한 사람들처럼 행동하려는 경향이 있다. 그들은 나라 전체의 죄에 대항에서 홀로 때로는 소수의 사람들과 함께 맞서도록 부르심을 받을 때가 많았다.

오늘 날 선지자로 부르심을 받은 이들이 구약의 선지자처럼 행동하려고 하다가 자신의 부르심과 성품에 왜곡된 결과를 초래하는 경우가 많다. 진정한 선지자라고 해서 그 성품이 비판적이고 판단하기 좋아하며 엄격해야 하는 것은 아니다. 성령의 사람이라면 성령의 열매인 사랑과 희락과 화평과 오래 참음과 자비와 양선과 충성과 온유와 절제를 낼 것이다(갈라디아서 5:22-23). 야고보는 다음과 같이 우리를 일깨워주고 있다.

> "오직 위로부터 난 지혜는 첫째 성결하고 다음에 화평하고 관용하고 양순하며 긍휼과 선한 열매가 가득하고 편벽과 거짓이 없나니 화평케 하는 자들은 화평으로 심어 의의 열매를 거두느니라"
>
> 야고보서 3:17-18

우리에게 성령님께서 계시다면 그 분의 성품을 나타내게 되어있다. 그 분은 "돕는 분"(the Helper: 요한복음 15:26 NAS) 이시다. 그 분은 멀리 떨어져서 지켜보며 할 일을 지시나 해주시는 그런 분이 아니라 일을 직접 도우시는 분이시다. 무엇을 해야할 지를 설명하기 위해서는 그 일에 뛰어들 각오를 해야한다. 성령께서는 "위로자" 이시다(the Comforter 요한복음 15:26 KJV). 성경에서 아무리 혹독한 심판을 경고한다고 할지라도 거기에는 희망과 회개하는 자들에게 권하는 화해가 섞여 있다.

하나님께서 어떻게 우리의 잘못을 고치시는가 하는 것이 요한계시록의 일곱 교회에게 하신 말씀에 아름답게 나타나 있다(요한계시록 2-3장을 보라). 그는 먼저 각 교회가 잘한 일을 칭찬하셨다. 그런 다음 분명하고 구체적으로 잘못한 점을 말씀하시고 그들이 회개를 하지 않으면 어떤 결과를 초래하게 될지를 덧붙이셨다. 하나님께서는 모든 교회들이 자신들의 문제를 극복하고자 할 때 그들에게 영광스러운 약속을 남겨 놓으셨다.

하나님께서는 죄를 깨닫게 하시려고 성령을 보내시지만 성령께서 그 일을 하시는 방법은 그의 본래 성품과 어긋나지 않는다. 성령님이 주시는 구체적인 메시지를 전하도록 부르심을 받은 선지자는 다른 그리스도인이 성령의 열매를 맺어야 할 같은 책임 혹은 그 이상의 책임을 가지고 있다. 선지자가 성령의 열매가 없다면 우리는 그의 메시지를 거부할 수 있는 권리와 의무까지도 있다.

"이세벨의 영"은 사람들을 조작하고 지배하려고 하는 성품을 가진 여성들을 지칭하는 경우가 많지만, 결코 이 영은 여성에게만 국한되는 것은 아니다. 매우 강력한 이세벨의 영이 선지자라고 자칭하는 남성들에게도 역사하고 있다. 이 영에 의해 움직이는 사람들의 궁극적이 목적은 사람들은 조종하는 것이다 .이 귀신은 매우 교활해서 자신은 오직 하나님의 백성을 위한다고 주장한다. 이 영의 조종을 받으면 보통 리더의 자리를 원하지 않는다. 그들은 리더를 조종하기를 원한다. 이 조종의 영은 분별하기가 그리 어렵지 않다. 야고보서 3:17-18은 진정한 하나님의 말씀은 화평하고 관용하고 양순하며 긍휼과 선한 열매가 가득하다고 말씀하고 있다. 반면 이세벨의 영으로 사역하는 이들은 같은 말을 전하더라도 부담과 죄책감과 때로는 혼란을 일으킨다.

## 직함

두아디라에서 이세벨이 자신을 여선지자라고 했던 일은 눈 여겨 볼 필요가 있다. 내가 알고 있는 위대한 예언의 은사와 기름 부으심을 받은 사람들은 보통 자신을 선지자라고 말하지 않으며 남들이 그렇게 부르는 것조차 좋아하지 않았다. 예언의 은사를 받을 수는 있지만 예언자로 임명될 수는 없다. 나는 자신이 선지자라고 떠들고 다니는 사람 치고 진정한 선지자라고 말할 수 있는 사람을 보지 못했다. 그들이 설사 은사를 가지고 있다하더라도 그들은 하나님이 부르신 선지자는 아니었다.

교회에서 그 사역의 기능과 목적을 분명히 하기 위해서 선지자나 다른 사역을 허용해야 할 때가 있다. 바울도 자신의 사도직을 옹호한 적이 있다. 하지만 자신을 인정받기 위해 그런 것은 아니었다. 어떤 이들이 자신이 인정받기 위해 직함이나 경력을 들먹일 때, 우리는 적어도 그 사람에게 심각한 문제가 있을 것이라고 미루어 짐작할 수 있다.

"*예수의 증거는 대언의 영이라 하더라.*" 요한계시록 19:10

진정한 예언의 영과 예수의 증거를 가지고 있는 자들은 오직 예수를 닮은 모습 속에만 자신들이 알려지기를 원할 것이다. 모든 사역의 목적은 그리스도를 아는 냄새를 각처에 나타내는 것이지(고린도후서 2:14), 우리의 권위를 세우고 드러내려는 것이 아니다.

### 요약

예언 사역은 주님께서 그의 백성들에게 개인적이고 현재적으로 말씀하시기 위한 몸의 기관이므로, 교회가 진정한 생명력을 갖는데에 반드시 필요하다. 하나님께서 예언을 통해 말씀하실 때, 우리는 진정한 교회의 생명력에 있어서 필수 불가결한 하나님의 임재가 우리 가운데 있다는 사실을 알 수 있게 된다.

진정한 교회의 생명은 하나님께서 자신의 백성들 가운데서 능력으로 거하시는 것이다. 하나님께서 우리 가운데 계실 때, 그 분께서 우리를 세우시며 우리를 그 분이 거하실 성전으로 지어 가신다. 성경은 이런 일이 일어나기 위해서는 예언 사역이 반드시 필요하다고 분명히 말씀하고 있다.

## 하나님의 군대를 위한 파수꾼

예언사역의 기본적인 기능 가운데 하나는 "파수꾼"이 되는 것이다. 예언 사역이 그리스도의 몸 안에서 올바른 자리를 잡아가게 되면서, 그 사역을 이해하고 감당해야 하는 일의 중요성이 점점 더해가고 있다. 선지자들은 파수꾼이라고 불리는데, 그 이유는 세상의 파수꾼이 하는 일이 영적인 세계의 선지자의 기능과 기본적으로 같기 때문이다. 파수꾼은 왕이나 귀족들이 오는 것을 멀리서 보고 알리기 위해서 성벽 위에 배치되어 있다. 그들은 또한 원수나 이스라엘 진영 혹은 성에서 일어나는 소요를 감시하기도 한다.

그들은 적과 그들의 이스라엘 형제들을 구분 할 수 있도록 특별하게 훈련을 받는다. 가장 멀리 보고 정확한 판단을 할 수 있는 사람들에게

만 그 임무가 주어진다. 그들은 정확한 분별력이 있어야 한다. 쉽게 경보를 울리거나 성문을 열어 주어서는 안 된다. 거짓 경보를 많이 울리게 되면 사람들은 그들을 무시하게 될 것이다. 만약 그들이 부주의하여 적들을 성안으로 들이게 된다면, 온 성을 위험에 빠뜨리게 될 수도 있다. 파수꾼은 책임 막중한 자리이다. 그 때문에 특별한 정확성과 신뢰도가 요구된다.

교회 안의 사역들은 다른 사역들과 올바르게 관계를 맺을 때 비로소 효과적으로 기능할 수 있다. 교회 안의 사역들도 지금 성경적인 올바른 자리를 찾아가는 과정에 있기 때문에 다른 사역들이 제자리를 찾기까지는 파수꾼의 사역도 완전히 회복될 수 없다. 하지만 그 때가 오기까지 우리는 있는 자리에서 우리가 할 수 있는 것들을 해야 한다. 그것은 다시 다른 사역들의 기능을 명확히 알려주는데 도움을 주게 될 것이다.

오늘날 파수꾼의 사역에 소명이 없는데도 불구하고 그것을 자신의 소명으로 알고 있는 이들이 많이 있다. 그들은 자신의 소명을 저버린 사람들의 공백을 메우려는 좋은 의도로 그 일을 한다. 그럼에도 불구하고 직함의 오용은 파수꾼의 역할에 대한 혼란을 가져오고, 그것을 보는 사람으로 하여금 파수꾼의 사역에 대해서 강한 거부감을 갖게 만든다. 해답은 그 사역을 거부하는 것이 아니라 그것에 소명을 받은 자들이 올바로 기능하도록 하는 것이다. 말세가 가까워질수록 이러한 일이 더욱 시급해지고 있다.

## 파수꾼의 위치

성경에서 파수꾼의 자리는 (1)성벽 위나(이사야 62:6-7) (2) 성안이나 (아가서 3:3), (3) 산 위나 한적한 곳(예레미야 31:6)이 되기도 한다. 이곳들은 이 사역을 이해하는 데에 도움을 준다. 하나님의 성은 교회 곧 어린양의 신부의 예표이다(요한계시록 21:2). 따라서 성벽 위의 파수꾼의 역할은 교회와 관련이 있다. 여기서 교회란 지역 교회와 보편 교회를 모두 말한다.

성벽 위의 파수꾼은 높이 있기 때문에 성 안과 밖을 모두 볼 수 있다. 또한 이들은 멀리서도 형제와 적군을 식별하도록 훈련을 받는다. 그러나 그들에게는 그들과 싸울 권한이 없다. 그들은 문 앞에 있는 장로들에게 정보를 제공할 뿐이다. 문을 열고 경보를 울릴 수 있는 권한은 오직 장로들이 가지고 있다. 성안을 순찰하는 파수꾼은 내부의 일을 좀더 자세히 관찰할 수 있다. 이들은 지나가는 왕이나 귀족들의 길을 내고 형제들에 의해서 벌어지는 혼란과 불법을 발견하고 다스리도록 특별히 훈련을 받는다. 그들은 범법자를 체포할 수는 있지만 그들을 감옥에 가두거나 형을 내릴 수는 없다. 그것은 오직 재판관으로 있는 장로들이 할 수 있는 일이다.

언덕에 있는 파수꾼은 경계와 주변 지역을 순찰한다. 그들은 적이나 귀족들이 성에 들어오기 훨씬 전에 미리 알 수 있다. 그들은 동족과 적을 분간하거나, 상인이나 대사로 오는 외국인들을 알아볼 수 있다. 그러나 그들 역시 군대를 동원하거나 외국인을 마음대로 출입시킬 수 있는 권한은 없다. 그들은 단지 본 것을 권한이 있는 장로들에게 알릴 뿐이다.

하나님께서는 이 세 위치에서 각각 섬기도록 영적인 파수꾼들을 부르신다. 어떤 이들은 왕이 움직임을 주시하고 그를 위해서 길을 내는 것이 그들의 임무이다. 그들은 또한 장로들에게 무질서와 범법행위를 발견하여 보고하도록 부르심을 받았다. 교회의 안과 밖에 일어나는 일들을 모두 볼 수 있는 자리에 그들도 있다. 어떤 이들은 신흥 종교의 출현이나 교회에 대한 큰 박해를 탐지하기 위해서 세상의 정찰병처럼 배회하도록 부르심을 받기도 한다.

## 깨어서 기도하기

이사야 62:6-7은 파수꾼의 기능이 단지 감시하는 것뿐 아니라 기도하는 것이라고 말씀한다. 이것은 매우 중요한 일이다. 왜냐하면 우리의 분별력은 대부분 기도로부터 오기 때문이다. 에스겔 3:17을 보면 파수꾼은 하나님의 음성을 듣고 사람들에게 경고한다는 것을 알 수 있다. 바로 이 부분이 파수꾼의 소명을 가진 이들이 빗나가게 되는 곳이다. 그들은 하나님보다는 원수를 더 주시하게 되며, 이로 인해 그들의 시각과 분별력이 왜곡되게 된다.

파수꾼은 영적인 사역이며 그들이 진정으로 보아야 하는 것은 영의 세계이다. 그런데 그 영적인 시야는 기도와 경배를 통해서 열리게 된다. 기도는 우리가 보는 것들을 정화시켜 준다. 또한 때로 파수꾼의 기도는 장로들에게 알리거나 경보를 울리지 않고도 소동을 진정시키며 적을 내쫓을 수 있게 한다. 이 사역의 첫째 원리는 적을 감시하면서도 하나님과 계속해서 교통하는 것이다. 예레미야 6:17과 이사야 21:5-10과 하박국 2:1-3과 같은 성경 구절은 파수꾼 사역에 있어서 이 같은 부분에 대하여 다루고 있다.

### 때를 분별하는 법

자주 간과되어왔지만 절대적으로 필요한 파수꾼의 중요한 기능 중의 하나는 때를 아는 것이다. 이사야 21:11-12은 이것에 대해서 말씀하고 있다. 옛날 영화에서 파수꾼이 성안을 돌다가 정오에 시각을 외치며 알리는 것을 본 기억이 있을 것이다. 나는 예언의 은사를 가진 이들을 많이 만나 보았지만, 사건과 그것이 일어날 시간을 정확하게 예언하는 예언자 부부를 만난 적은 단 한 번 있었다. 마지막 날이 다가올수록 우리가 하는 모든 일에 있어서 시기의 중요성이 더 부각될 것이다. 우리는 하나님께서 마지막 날에 시세를 알고 이스라엘이 마땅히 행할 바를 아는 잇사갈의 자손과 같은 사람들을 일으켜 주시기를 기도해야 한다 (역대상 12:32).

우리는 욥이 했던 것과 같은 질문을 하게 될 것이다. "어찌하여 전능자가 시기를 정하지 아니하셨는고 어찌하여 그를 아는 자들이 그의 날을 보지 못하는고 어떤 사람은 지계표를 옮기며 양 떼를 빼앗아 기르며

(욥기 24:1-2)." 욥기 24장의 나머지 구절을 마치 지금의 그리스도의 몸의 상태를 대부분 말해주고 있는 것 같다. 우리가 하나님의 시기를 보지 못한다면, 우리의 영적인 지계 마저도 희미하게 된다.

나라가 포위 당했을 때 시편기자는 자신의 절박한 심정을 다음과 같이 표현했다. "우리의 표적이 보이지 아니하며 선지자도 다시 없으며 이런 일이 얼마나 오랠는지 우리 중에 아는 자도 없나이다"(시편 74:9). 하나님께서는 하나님께서 언제 움직이실 지, 심판이 언제 올 것인지, 그리고 언제 원수가 올 것인지 우리가 알기를 원하신다. 이것이 바로 예언사역이 회복되고 그리스도의 몸안에서 올바로 자리를 잡아야할 부분이다. 그렇지 못한다면 우리는 계속해서 불필요한 패배와 재앙이라는 대가를 지불해야 할 것이다.

### 권위의 범위

파수꾼은 성문에 있는 장로가 아니므로, 그들에게는 성문을 열거나 닫을 권한이 없다. 또한 원수에 맞서 군대를 일으킬 수도 없다. 그들의 임무는 자신들이 본대로 권한을 가진 자들에게 고하는 것 뿐이다. 현재 대부분의 목사와 장로들이 교회에서 이 일을 하려고 한다. 그러나 이것은 자신들의 본래의 소명을 잃게 만들뿐이다. 우리는 이러한 소명을 가진 이들을 발굴하여 훈련시키고 자신들의 자리를 찾도록 해야 하며, 그들과 분명한 의사 소통이 이루어지며 그것이 유지되도록 해야 한다.

많은 지도자들이 파수꾼이라고 하면 괜한 의구심을 품으면서 싫증을 내는 경우가 있는데, 그럴만한 이유가 있다. 자신이 파수꾼이라고 주장하는 이들의 대부분은 소명이 없으면서 그 자리를 자처하는, 매사에 걱정하는 성격을 가진 사람이거나 의심이 많은 사람일 경우가 많기 때문이다. 실제로 소명을 받은 이들은 자신의 은사를 이용해서 정책이나 활동을 결정하는 장로의 권한을 침해하려 든다. 신뢰란 관계를 가능하게 해주는 다리와도 같다. 그것이 없이는 허심탄회하며 효과적인 관계가 이루어 질 수 없다. 장로들과 파수꾼의 신뢰가 싹트기 전까지는, 두 사역이 본래의 소명에 따라 함께 기능할 수 없다.

많은 지도자들이 파수꾼이나 선지자라고 자칭하는 자들로부터 상처를 받고 싫증이 난 나머지 더 이상 그런 사역을 받아들이지 않는다. 마찬가지로 파수꾼들은 목사들로부터 상처를 받아서 교회의 지도자들을 신뢰하지 않게 되었다. 양쪽 모두 극복해야 할 장애물들이 많지만, 진정으로 하나님의 뜻을 바라본다면 그것들을 극복할 수 있을 것이다. 하나님과 시대가 원하는 통일을 이루기 위해서는 선택의 여지가 없다. 양쪽 모두에게 신뢰의 다리를 다시 세우는 일은 쉽지만은 않을 것이다. 하지만 그것은 충분한 가치가 있는 일이 될 것이다.

목사들과 장로들이 소명대로 권한을 행사하기 위해서는 파수꾼의 역할이 회복되어야 한다. 그러나 양쪽에게 요구되어지는 신뢰는 신실함을 바탕으로 이루어진다는 사실을 잊지 말자. 우리는 절대로 서로를 포기해서는 안 된다. 모든 관계는 시험을 거치며, 그 시험이 클수록 그 관계도 더욱 든든해진다. 지도자와 파수꾼의 관계가 올바로 재정립되지 않는다면, 파수꾼은 제대로 된 역할을 하지 못할 것이며 지도자들은 계속해서 불필요하게 원수들의 기습공격을 당하게 될 것이다.

바울은 자신에게 맡겨진 권위의 범위를 벗어나지 않으려고 얼마나 주의를 기울였는지에 대해서 말해주고 있다(고린도후서 10:12-14). 그는 하나님께서 정해 놓으신 한계를 벗어나게 되면 원수의 공격에 노출되게 된다는 사실을 알았다. 지도자는 파수꾼이 하나님이 뜻하신 역할을 제대로 할 수 있도록 해야하며 파수꾼은 자신의 역할은 정책을 지시하는 것이 아니라 정보를 전달하는 것일 뿐이라는 사실을 알아야 한다. 마찬가지로 밖의 세상 이단 연구나 정치 혹은 철학적 유행)을 순찰해야 하는 파수꾼이 교회 안의 일을 넘보려고 한다면 그는 실족하게 하는 거침돌이 될 것이다. 교회 안을 살펴야 할 이들이 밖의 세상에서 돌아가는 일들을 보려고 하면 세상에 비뚤어진 생각을 갖게 되는 경우가 많다.

자신의 권위의 한계를 지키는 것이 어려울 때가 많지만, 우리가 그것을 지키지 않았을 때의 결과는 거의 매번 해로운 경우가 많다. 조화를 이루며 사역을 하기 위해서는 어느 때 우리가 하나님이 우리에게 허락하신 권위의 범위를 벗어나는 지를 알아야 한다. 그렇게 되면 우리가 지고 있는 짐 중에서 일부를 본래 다루어야 할 자리에 있는 자들에게 맡길 수 있다.


## 몇 가지 실제적인 적용들

나는 예언 사역에서 파수꾼의 역할이 실제적으로 어떻게 적용되는지에 대한 실례들을 목격 할 수 있었다. 그 중 한 예는 집회 중에 내가 설교를 하고 있을 때 일어난 일이다. 그 집회를 후원하고 있었던 우리 교회에서 온 한 예언 사역자가 꿈을 통해서 어떤 사람이 집회에 와서 하나님이 뜻이 아닌 주제를 가지고 우리를 설득하려고 하는 것을 보았으며, 그 이름까지 받았다. 우리는 등록 명부를 확인했다. 물론 그는 그 명단에 있었다(그 전까지 그 교회의 선지자나 지도자들도 그 사람을 알지 못했다). 그 사람은 정말로 앞으로 나와서 지도자들에게 이야기를 하려고 했다. 그가 그 이야기를 꺼냈다면, 그 교회는 큰 난관에 봉착했을 것이다. 한 파수꾼의 꿈이 그 교회를 수년 동안 수렁에 빠질 뻔한 위기에서 구해준 것이다.

우리 교회에서는 분별의 은사를 가진 사람들에게 교회 안내나 구역장을 맡긴다. 사람들을 의심하라고 그렇게 하는 것이 아니라, 하나님께서 하시는 일을 먼저 파악하고, 그것을 방해하려는 사탄의 시도를 빨리 발견케 하려는 것이다. 교회가 오래되지는 않았지만, 이렇게 해서 교회의 사역 가운데 사탄에게 발판을 제공하거나, 심지어는 사탄의 견고한 진을 초래할 수도 있었던 매우 장기적인 문제들을 방지했던 적이 이미 몇 번 있었다. 우리는 파수꾼을 어린이 사역과 젊은이 사역에 배치하려고 특별히 신경을 쓴다. 왜냐하면 하나님의 미래세대를 향한 크신 뜻으로 인해서 원수가 대대적인 공격을 감행하고 있다는 사실을 알기 때문이다.

영적인 파수꾼을 감당하는 것은 앞으로 교회의 예언 사역의 주요한 역할의 하나가 될 것이다. 지역교회와 사역을 감당하는 이들로부터 국가적 혹은 국제적인 사역에 이르기까지 전반적으로 이 사역이 이루어지게 될 것이다. 이런 파수꾼의 사역이 더 성숙해지고 신뢰할 수 있게 될수록, 교회는 불필요한 사탄의 기습공격에서 더 자유롭게 될 것이다. 심지어 우리가 사탄에게 기습공격을 감행하기도 할 것이다. 이것만으로도 전 교회의 사역을 효과적이게 하는데 큰 기여를 할 것이다.

파수꾼이 효과적으로 사역하게 될 때, 교회 지도자들의 큰짐을 덜어주게 될 것이다. 지도자들은 자신의 본연의 소명에 더 충실할 수 있게 될 것이며 그로 인해 큰 영적 부흥이 일어날 것이다. 그러나 우리가 파수꾼으로 소명을 받았다면, 그리스도의 몸 가운데서 우리의 자리가 인정을 받을 때까지 인내심을 가지고 기다려야 한다. 우리가 정말로 은사를 받았으며, 성령의 열매를 나타낸다면, 우리의 은사를 통해서 인정을 받게 될 것이다.

우리의 궁극적인 목적은 항상 사람이 아니라 하나님의 칭찬을 받는 것이 되어야 한다. 하나님으로부터 칭찬을 받으려면 진리와 정직과 성령님께 대한 복종에 헌신해야 한다. 우리의 소명을 인정받는 데에 시간이 걸리게 된다면, 우리는 그것을 우리의 자세를 가다듬고 분별력을 키울 수 있는 기회로 삼을 수 있다. "만일 나팔이 분명치 못한 소리를 내면 누가 전쟁을 예비하리요"(고린도전서 14:8). 우리가 분명한 소리를 내게 될 때, 비로소 교회는 우리의 소리를 듣게 될 것이다.

## 징계

파수꾼은 교회를 징계하기 위한 사역이 아니라는 사실을 알아야 한다. 그것은 장로들의 몫이다. 파수꾼의 소명은 장로들에게 정확한 정보를 주는 것이다. 그런 다음에는 그 정보를 가지고 장로들이 하는 일을 신뢰하고 도와야 한다. 구약의 선지자들은 징계하는 일에 사용되는 일이 종종 있었지만, 그 일도 결국은 왕이나 장로들에게 간언 하는 것이었다. 그러나 신약에서는 선지자들이 그렇게 사용되는 경우가 드물게 나타나며, 사도와 장로들이 그 일을 일임하게 된다.

우리가 잘못을 고치기 위한 소명을 받았다면, 마태복음 15:15-17에 나타난 성서적인 절차를 밟아야 할 것이다. 하나님께서 어떤 사람의 잘못을 보여주셨다면, 먼저 그 사람에 개인적으로 찾아가야 한다. 하나님께서 교회에 관한 잘못된 점을 보여주셨다면, 우리는 그 교회를 책임지고 있는 이들에게 개인적으로 찾아가야 한다. 나는 공개적으로 그런 잘못을 지적하는 안타까운 일들을 본적이 있었는데, 그런 질책이 하나님께도 왔을 것이라고는 한 번도 생각해 본 적이 없다.

주님께서는 우물가의 여인의 잘못을 고쳐주기 위해서 지식의 은사를 사용하셨다(요한복음 4). 우리는 예수님께서 그 일을 하실 때 보여주셨던 위대한 지혜와 온유함을 본 받아야 한다. 주님께서 그 여인을 올바로 인도하심으로 인해서 그 동네 전체에 복음의 문이 열렸으며, 아마도 그것이 후에 빌립이 방문하여 그 지역에 놀라운 부흥이 일어난 밑거름이 되었을 것이다. 우리가 잘못을 고쳐줄 때마다, 우리는 다른 사람의 자녀, 즉 하나님의 자녀를 대하고 있다는 사실을 항상 기억해야 한다.

구약의 선지자들은 엄중하게 징계할 때가 많았는데, 그것은 당시 역사하던 언약을 반영하고 있다. 그 언약은 곧 엄하고 무자비한 율법이었다. 신약의 선지자는 지금 역사하고 있는 새 언약의 성품을 반영해야 한다. 주님께서 우리에게 분명하게 모범으로 보여주신 것처럼, 오늘날의 징계는 은혜를 통해 이루어지며, 그 은혜는 용서뿐만 아니라 죄에서 해방할 수 있는 능력을 가져다준다. 은혜는 순종하는 사람들에게 주시는 하나님의 약속을 예언적으로 볼 수 있게 해 준다. 우리는 항상 사람들을 자유케 하는 진리를 가지고 섬겨야한다(요한복음 8:32).

예언 사역에 있어서 파수꾼의 중요성에 관한 내용 한 가지 만으로도 책 한 권에서 다룰 정도의 분량이 되겠지만, 그것은 다음 기회로 미루기로 하겠다. 이 예언 사역이야말로 반드시 교회에 회복되어야 할 중요한 사역이면서도, 현재 가장 왜곡되고 오용되고 있는 사역 가운데 하나이다. 우리가 그것에 대하여 많은 말을 하기 전에 먼저 그 사역이 우리 교회와 사역 가운데 좀더 성숙하고 지혜롭게 이루어지는 데에 헌신해야 할 것이다.

## 생명의 말

"죽고 사는 것이 혀의 권세에 달렸나니 혀를 쓰기 좋아하는 자는 그 열매를 먹으리라." **잠언 18:21**

말에는 능력이 있다. 쉽게 말해서 생명은 의사소통이라고 정의를 내릴 수도 있다. 고등 동물들은 높은 수준의 의사 소통을 하는 것으로 알려져 있다. 의사 소통이라는 말은 "교환" 하는 것을 의미한다. 우리는 호흡이나 음식을 섭취하는 것과 같이 환경과 의사소통 혹은 상호 교류를 하고 있을 때, 그것이 살아있다고 말한다. 그것이 중단 될 때 죽게 된다.

"내가 너희에게 이른 말이 영이요 생명이라." **요한복음 6:63**

라고 예수님께서는 말씀하셨다. 주님과의 교통이 이루어지고 지속될 때 우리에게 진정한 영적인 생명이 있는 것이다. 우리가 예수님과 영적인 교통을 한다면, 사람들이 우리의 몸을 죽일 수는 있으나 우리는 죽일 수 없다. 왜냐면 우리의 생명을 더 높은 수준의 것이기 때문이다.

### *예수님이 하나님의 말씀이시다* 요한복음 1:1

하나님은 그 분을 통해서 세상과 의사 소통을 하신다. 그 분의 음성을 듣는 이들은 우주에서 가장 강력한 능력, 즉 생명의 능력과 연결된다. 하나님의 한 번 하신 말씀으로 인해 천지가 창조되었다. 하나님께서는 생각으로 창조하신 것이 아니라 말씀으로 하셨다. 마찬가지로 주님께서는 제자들에게 "생각하라 그리하면 이 산을 들어 옮길 것이요" 라고 하지 않으시고 "누구든지 이 산더러 '옮겨져 바다에 빠지라.'고 말하고"(마가복음 11:23 한글KJV) 라고 말씀하셨다. 말은 우주에서 가장 큰 능력과 연결된 전선과 같다. 우리가 더 영적이 될수록, 이 말씀을 더 잘 이해하게 될 것이다.

우리가 말씀이신 그 분께 더 가깝게 연결 될수록, 우리의 말이 더 귀중하고 능력 있게 된다. 누군가 말했듯이, "말씀이신 그 분이 말씀을 아끼셨다는 것은 놀라운 일이다." 우리에게 소중한 것일수록 그것을 더욱 더 조심해서 다루게 된다. 그와 마찬가지로 우리가 말의 능력을 이해하게 될수록 말을 더욱 조심해서 사용하게 될 것이다. 하나님께서는 우리가 그 큰 능력을 조심해서 사용할 때, 더 큰 능력으로 우리에게 맡기실 것이다.

## 적절한 시기

*"적합하게 한 말은 은 쟁반에 있는 금사과들 같으니라."*

잠언 25:11

"적합하게 한 말"이란 그 상황에 정확히 들어맞는 말을 뜻한다. 말이 시기에 적합하지 않으면 그 능력을 상실하게 된다. 하나님께서는 온전한 질서에 따라 움직이시므로, 기름부음은 타이밍과 연관이 있는 경우가 많다. 하나님의 말씀을 대언하기 위해서는 하나님께서 무엇을 말씀하시는지 뿐만 아니라 언제 말씀하시는지에 대해서도 민감해야 한다. 예수님의 이 땅에서의 생애 전체가 은혜의 때에 대해서 증거 해주고 있다. 하나님께서는 매번 무엇을 말씀해야 하실지를 정확히 알고 계셨을 뿐더러, 언제 그것을 말해야 하는지를 알고 계셨다. 예수님께서는 생명수에 대한 완곡한 가르침이, 삶에 대한 불만족을 느끼고 있었던 우물가의 여인의 마음을 만지리라는 것임을 분명히 아셨다(요한복음 4장을 보라). 예수님께서는 또한 거듭남에 대한 가르침이 니고데모의 주의를 끌 것이라는 것도 아셨다(요한복음 3장을 보라). 이 두 가지 가르침이 서로 바뀌어 주어졌다면, 아마 그들에게 그와 같은 영향을 미치지 못했을른지도 모른다.

한 개인이나 무리를 위해서 주시는 기름부음이 다른 곳에도 똑같이 부어지는 것은 아니다. 요한 계시록의 일곱 교회는 같은 시대와 지역에 있었지만 각각 다른 주님의 예언이 필요했다(요한 계시록 2장과 3장을 보라). 우리의 말이 본래의 가진 능력을 발휘하기 위해서는 우리가 말쓰이신 그 분 안에 거해야 한다. 왜냐하면 그 분은 성령님의 언어이시기 때문이다.

## 인간의 언어를 초월하여

고린도전서 2:6-16에서 바울은 영적인 말을 알아듣고 말하는 것의 중요성을 이렇게 설명하고 있다.

> 그러나 우리가 온전한 자들 중에서 지혜를 말하노니 이는 이 세상의 지혜가 아니요 또 이 세상의 없어질 관원의 지혜도 아니요 오직 비밀한 가운데 있는 하나님의 지혜를 말하는 것이니 곧 감취었던 것인데 하나님이 우리의 영광을 위하사 만세 전에 미리 정하신 것이라 이 지혜는 이 세대의 관원이 하나도 알지 못하였나니 만일 알았더면 영광의 주를 십자가에 못 박지 아니하였으리라 기록된 바 하나님이 자기를 사랑하는 자들을 위하여 예비하신 모든 것은 눈으로 보지 못하고 귀로도 듣지 못하고 사람의 마음으로도 생각지 못하였다 함과 같으니라 오직 하나님이 성령으로 이것을 우리에게 보이셨으니 성령은 모든 것 곧 하나님의 깊은 것이라도 통달하시느니라 사람의 사정을 사람의 속에 있는 영 외에는 누가 알리요 이와 같이 하나님의 사정도 하나님의 영 외에는 아무도 알지 못하느니라 우리가 세상의 영을 받지 아니하고 오직 하나님께로 온 영을 받았으니 이는 우리로 하여금 하나님께서 우리에게 은혜

*로 주신 것들을 알게 하려 하심이라 우리가 이것을 말하거니와 사람의 지혜의 가르친 말로 아니하고 오직 성령의 가르치신 것으로 하니 신령한 일은 신령한 것으로 분별하느니라 육에 속한 사람은 하나님의 성령의 일을 받지 아니하나니 저희에게는 미련하게 보임이요 또 깨닫지도 못하나니 이런 일은 영적으로라야 분변함이니라 신령한 자는 모든 것을 판단하나 자기는 아무에게도 판단을 받지 아니하느니라 누가 주의 마음을 알아서 주를 가르치겠느냐 그러나 우리가 그리스도의 마음을 가졌느니라* 고린도전서 2:6-16

성령의 언어는 인간의 언어를 초월한다. 성령의 언어는 자연인의 생각과 대립되며 거스른다. 이것이 주님께서 우리에게 꿈과 이상으로 말씀하신 이유 중 하나이다. 하나님께서 보통 꿈과 이상을 담게 되는 알지 못할 상징과 은유로 말씀하시는 것은 우리를 혼란스럽게 하시기 위함이 아니라, 인간의 언어보다 훨씬 뛰어난 성령님의 언어를 가르치시기 위함이다. 그림이 천 마디의 말보다 낫다고 말들 한다. 성령님의 언어를 볼 때, 이 말이 꼭 맞는다. 꿈과 이상의 상징들은 인간의 언어보다 훨씬 더 많은 것을 보여줄 때가 많다. 자연인에게는 이것이 어리석어 보일지 모르지만, 영적인 사람들에겐 훨씬 고도의 의사소통 수단이다.

생명수는 "그 배에서(innermost being)" 흘러나온다(요한복음 7:38-39). 진정한 생명의 말을 하기 위해서는 우리의 이성이 아니라 마음에서 우러나오는 것을 나누어야 한다. 사도행전 19:13-16에서 마술을 행했던 유대인들은 예수님을 머리로는 알았으나, 그 분이 그들의 마음에 계시지는 않았다. 그래서 그들이 그의 이름으로 어두움을 쫓아내려 했을 때, 어두움이 일어나 그들을 쫓아냈다.

    귀신은 영적인 존재이다. 그래서 그들은 영적인 말에만 대답한다. 우리의 말이 어두움을 쫓아내는 권세를 갖기 위해서는, 그 말이 하나님의 심장과 연결된 가슴으로부터 나와야 한다. 왕이신 그 분이 우리 안에 거할 때에만 우리는 진정한 영권을 가질 수 있다. 모두가 아마 사람들이 다른 이에게 들은 메시지를 가르치는 것을 들어본 적이 있을 것이다. 처음 사람이 전할 때에는 그 가르침에 기름부음이 강했다하더라도, 그것을 되풀이 할 때에는 기름부음이 없어지는 경우가 흔히 있다. 그것은 바로 그 가르침이 반복해서 전하려는 사람의 머리 속에는 들어있지만, 아직 그의 가슴속에는 파고들지 않았기 때문이다. 그러나 남에게 전해들은 이야기를 전혀 나눌 수 없다는 이야기는 아니다. 왜냐하면 성경 이야기를 하는 것은 전부 여기에 속하기 때문이다. 하지만 그 말씀이 바로 "우리의" 것이 되어야 한다. 우리는 다른 사람이 알고 있는 예수님에 대한 지식과 관계를 맺을 수 없다. 그 분이 우리의 예수님이 되셔야 한다. 진정한 사역은 우리 마음속에 거하시는 성령님에 의해서 이루어진다. 영적인 것은 오직 성령님에게서만 나온다(요한복음 3:6).

> "너희는 주께 받은 바 기름 부음이 너희 안에 거하나니 아무도 너희를 가르칠 필요가 없고 오직 그의 기름 부음이 모든 것을 너희에게 가르치며 또 참되고 거짓이 없으니 너희를 가르치신 그대로 주 안에 거하라." 요한일서 2:27

    이 말씀은 우리가 다른 사람으로부터 가르침을 받지 말라는 말이 아니다. 왜냐하면 하나님께서는 그 목적을 위해서 우리에게 교사를 주셨기 때문이다. 그러나 성령의 기름 부으심을 사람을 통해서 역사한다는 사실을 알아야 한다. 엠마오로 가던 두 제자는 예수님께서 하시는 영적인 말씀에 귀를 기울였는데, 그 이유는 그들이 예수님을 사모하는 마음으로 불타고 있었기 때문이다. 그러나 주님께서 떡을 떼시기 전까지는 예수님을 알아보지 못했다. 우리가 예수님을 우리의 떡을 떼시고 우리를 가르치시는 분이라는 것을 깨닫게 될 때, 누가 가르치는가에 상관없이 우리의 눈이 열리게 될 것이다.

### 진리 안에 거하라

위대한 교사였던 찰스 스펄전은 성경을 읽는 모든 사람 중 성경에 목숨을 걸 사람은 단 10명밖에 없다고 한탄한 적이 있다. 이 비율은 아마도 다른 기독교 사역에도 정확히 적용 될 수 있을 것이다. 실제로 아이들과 함께 집에서 기도하고 있는 사람들 중 공립학교에서 기도를 부활시키기 위해서 싸울 수 있는 사람은 열명 밖에 없을 것이다. 텔레비전에서 방영되는 섹스와 폭력에 대해서 불평을 하면서도 정작 그것을 보기를 거부하는 이들은 10명도 안될 것이다. 이것은 바뀌어야 한다. 세상에 빛과 소금의 역할을 할 수 있는 능력은 우리가 믿는 것이 아니라 우리가 얼마나 우리의 믿음을 신실하게 실천하는 가에 달려있다.

"육으로 난 것은 육이요 성령으로 난 것은 영이니." 요한복음 3:6

진정한 성령의 열매를 맺기 위해서는 성령님을 온전히 의지해야 한다. 성령님은 진리의 영이시므로(요한복음 16:3), 그 분은 오직 진리가 거하는 곳에 그 분의 임재와 능력이 임한다. 주님께서는 우리의 머리뿐만 아니라 마음을 판단하신다. 이런 이유로 "마음의 종교"가 머리의 종교를 앞서게 될 것이다. 그러나 우리는 결코 올바른 성경의 진리를 버려서는 안 된다. 가장 큰 능력은 말씀과 성령을 모두 받아들이는 자들에게 돌아갈 것이다. 우리가 주님 안에 거할 때, 말씀과 성령은 완전한 일치를 이루게 된다.

지금 전세계를 휩쓸고 있는 거대한 어두움이 우리가 지켜보는 가운데 벌어졌다. 그리스도의 몸을 휩쓸며 일어날 깊은 회개와 자성의 결과로 교회 지도자들에게 큰 능력이 부어지게 될 것이다. 사람들에게 그들의 영적인 책임을 완수하라고 권고하는 운동이 전 교회에 큰 반향을 불러일으킬 것이다. 과거 십 년 동안의 굴욕으로 말미암은 회개가 큰 열매를 맺게 될 것이다.

> "누구든지 자기를 높이는 자는 낮아지고 누구든지 자기를 낮추는 자는 높아지리라." 마태복음 23:12

라고 주님께서는 말씀하셨다. 그러한 낮아짐의 대부분은 하나님의 심판 때문이었지만, 교회가 그 심판을 기꺼이 받아들일 때 그것은 교회가 열방 가운데 높아지기 위한 준비과정이 되었다. 여전히 우리에 대한 공격과 비방이 항상 있게 되겠지만, 앞으로 교회에 대한 세상의 평가는 급격하게 호전될 것이다.

## 마지막 열매를 위한 인내

어떤 이들은 신약 성서가 노예제도와 낙태와 유아 살해와 같은 흉악한 도덕적 폐악에 정면으로 맞서지 않은 것을 비꼬아 이야기한다. 초대교회의 지도자들이 이러한 악들에 대해 정면으로 대항하지 않은 것은 사실이다. 그러나 그것은 그들이 무관심하거나 무책임 해서가 아니었다. 오히려 그들은 위대한 능력을 사용할 더 나은 계략을 가지고 있었다. 그들은 인간의 타락성이 낸 가지만을 치는 것이 아니라 나무의 밑뿌리를 찍어내었다.

초대교회의 사도들은 시종 일관 초점을 잃지 않고 계속해서 죄를 정면으로 공격했다. 그들은 생명의 왕자를 높임으로 죽음의 영을 몰아냈다. 바울은 빌레몬서에서 노예에 대한 문제가 일어났을 때, 그는 노예제도를 직접적으로 공격하는 대신 그것을 초월하여 사랑과 오네시모가 주안에서 형제라는 사실에 호소했다. 이것이 호전성을 띤 대부분의 사회 운동가들을 불편하게 할른지는 모르지만, 그것이 바로 성령님의 방법이다. 비기독교 역사가인 윌 듀란트도 이렇게 말했다. "시이저는 제도를 바꾸어서 사람을 바꾸려 했지만, 그리스도는 사람을 바꾸어 제도를 바꾸었다."

성령님의 방법은 문제에 대한 정면 공격이 이루어내는 그 이상의 것을 이루어낸다. 담대하게 정면으로 맞서야할 때도 있지만, 주님께서는 우리가 원하는 것보다 훨씬 느리게 역사하신다. 그 이유는 그 분은 더 근본적이고, 더 온전하며, 더 오래가는 변화를 위해서 역사하시고 계시기 때문이다. 주님께서는 밖에서부터 안이 아니라 안에서부터 밖으로 역사하신다. "하나님 앞에서 진을 파하는 강력"한 무기가 회복되어 교회 가운데 유례없는 규모로 사용될 것이다(고린도후서 10:3-5을 보라). 중보 기도와 영적 전투 운동이 성숙해감에 따라서, 점점 더 놀라운 결과들을 얻게 될 것이다. 그럼에도 불구하고 교회에게 주어진 가장 강력한 무기는 영적인 진리이다. 사실이 진리가 될 수 있다. 그러나 영적인 진리는 지식이 생명과 올바로 연결될 때만이 발견될 수 있다. 우리가 믿는 것을 삶에서 실천할 때 비로소 우리는 영원한 영적 진리를 받아들이게 된다. 교회가 믿는 진리를 삶에서 실천할 때, 그 빛이 더 밝아져 어두움을 비추게 될 것이다.

빛은 어두움보다 강하다. 사랑은 증오보다 강하며, 생명은 죽음보다 강하다. 우리가 빛과 사랑과 인자의 생명 안에서 행할 때, 우리는 어두움과 사망을 곤경에 빠뜨리게 될 것이다. 교회의 능력은 진리를 명료하게 표현하는 능력에 있는 것이 아니라 그것을 행하는 데에 있다. 이것이 그리스도의 몸에 큰 능력이 임하는 기초가 된다.

### 더 큰 지혜

성령님의 방법은 실제적이다. 그 분은 하나님의 뜻이 하늘에서 이루어진 것처럼 이 땅에서 이루어지도록 하기 위해서 역사하신다(마태복음 6:10). 우리는 실제적인 열매를 얻는데에 너무 열중해서는 안 된다. 그러나 우리는 너무 경건하여 이 세상에 도움이 되지 않을 것을 염려하여, 결국은 세상것에 너무 관심을 둔 나머지 영적인 일에 소홀히 하게 된다. 우리가 사람들에게 영적인 영향력을 끼친다면 궁극적으로 세상적인 선도 이룰 수 있게 되겠지만, 그 반대는 이루질 수 없다. 우리가 제도와 겉으로 드러나는 행동에만 영향을 끼친다면, 겉모양은 변화시킬 수 있겠지만, 그 근본을 다루지는 못한다. 그것들은 다시 생겨날 것이다. 중요한 것은 단지 열매를 맺는 것이 아니라 항상 있는 열매를 맺는 것이다(요한복음 15:16). 영원한 열매를 맺기 위해서는 인내를 배워야 한다. 하나님께서는 우리가 "믿음과 오래 참음으로 말미암아 약속들을 기업으로 받는 자들을 본받는 자"가 (히브리서 6:12) 되라고 권면하신다. 하나님께서 교회에게 주실 위대한 지혜는 영원의 관점에서 바라보는 것이다. 그것은 지속적인 열매를 위한 전략과 비전을 가지고 계획하는 데에 반드시 필요한 능력을 교회에게 줄 것이다.

그리스도의 형상이 그의 백성 가운데 이루어지고 그들은 그리스도 안에서 온전한 자로 세우기 위해서 수고하는 것이 본래 사도의 의무였다. 그것은 여전히 진정한 사도와 예언 사역의 의무로 남아 있다. 우리는 그리스도를 닮아가고 그가 행하신 일을 하기 위해서 부르심을 받았다. 이것이 이루어질 때, 그리스도께서 높임을 받으시고 그로 인해 모든 사람들이 주님께로 나아올 것이다.

# 예언사역
(THE PROPHETIC MINISTRY)

**인쇄일** 2004년 9월 10일
**3 쇄** 2007년 7월 20일
**지은이** 릭 조이너
**엮은이** 조성국
**펴낸이** 장사경
**펴낸곳** Grace Publisher(은혜출판사)
**출판등록** 제 1-618호(1988. 1. 7)
**주소** 서울 종로구 숭인2동 178-94
**전화** (02) 744-4029
**FAX** 744-6578
**홈페이지** www.okgp.com
**e-mail** okgp@okgp.com

ISBN 89-7917-617-1　03230

▶은혜기획 • 기획에서 편집(모든 도서)까지 저렴한 가격으로 출판대행
　　　　　 • 모든 인쇄(포스터, 팜플렛, 광고문) 등을 저렴한 가격으로 제작대행
　　　　　　(T) (02) 744-4029, (F) 744-6578

Grace 은혜출판사 (repeating pattern)